# 幕末・維新から
# 昭和・終戦まで

—— 尊皇攘夷の行方 ——

himei shigeru

## 姫井　成

## はじめに ——

　日本という国は改めていうまでもありませんが、現存する世界の国々の中では最古の国であり、世界の王室の中で日本の皇室は最も長い歴史をもっています。また、日本は有史以来、太平洋戦争の敗戦までは、他国に占領・支配されたことは、一度もなかったのです。

　「中国 5,000 年の歴史」と自慢する中国も 5,000 年間持続して漢民族が統治していたわけではありません。元や清の王朝時代は漢民族ではなくモンゴル族や女真族といった北方異民族が支配し、政権を握っていた時代でした。漢民族という 1 民族がひとつの国家として、5,000 年間統治していたわけではありません。

　19 世紀末、倒幕勢力は約 270 年間日本を統治していた江戸幕府を崩壊させ、明治新政府を樹立しました。倒幕を担った主な勢力は薩摩・長州・土佐・肥前の武士団でした。明治新政府は倒幕の唯一のスローガンであった「尊王攘夷」のスローガンを倒幕直後から中止しています。まことに賢明な判断だと思われます。倒幕後、スローガンどおり、攘夷を実行していれば、明治新政府は忽ち欧米列強諸国（アメリカ・イギリス・フランス・ロシア・オランダ）等により、分割占領され、それぞれ植民地支配され、日本国はなくなった可能性すらあると思われます。

　明治新政府は新国家のスローガンを「富国強兵」や「文明開化」等やわらかい表現に変更したようです。

　明治新政府は、政権樹立後、国民一丸となって欧米列強に追いつくために国民を近代化に邁進させ始めたのです。

一方、西洋文明は世界的に最も進んだ文明とみなされている時代でしたが、日本は西洋化に関しては極めて消極的でした。「文明の衝突」（1993年）の著作で有名な政治学者であるハンチントンによれば、19世紀後半当時の世界の後進国諸国では日本だけが西洋化を拒否した道をとった唯一の国で、そのため文明的には孤立した存在だったと述べています。明治期によく用いられた「和魂洋才」という熟語が日本の近代化の促進と西洋化の拒絶を言い表している代表的な言葉ではなかったのかと推察されます。

　このような世界でも類のない特異な存在である日本が維新から近代化に邁進し、「日清・日露戦争」、「満州事変」、「日中戦争」に至る時代となると、アジアで新生帝国主義国として世界から認められるようになり、さらに軍備を強化し、東アジアの盟主として「大東亜共栄圏」の夢をみながら太平洋戦争に突入し、周知のように大敗しました。

　その根底には明治維新後、封印していた尊王攘夷思想が帝国主義思想と共に亡霊のように甦ったのではないかと思われ、再考したいと思い筆をとりました。

　かねてから私自身は歴史学の著書と歴史小説では、その内容が本質的に異なると考えていましたので、本書では歴史小説家の著書は殆んど参考にしておりません。歴史学者が歴史的事実として叙述した著書を主として参考にいたしました。

　もちろん、歴史小説の作品では、たとえば司馬遼太郎氏の「坂の上の雲」は不朽の名著であることは疑う余地もありませんし、他の歴史小説家にも多数の名著があることは十分理解しているつもりです。

# 目次

## 第2章　明治時代

# 第1章

## 江戸時代

## ❏ 江戸幕府の衰退と崩壊の予兆

　江戸時代の各藩の財政は17世紀、18世紀、19世紀と時代が下るにつれて悪化していました。その原因の第1は参勤交代による支出の増加、第2は江戸藩邸設置による経費の膨張、第3は藩主とその一族による濫費の激増です。

　しかし、そうした横暴をチェックするものは江戸幕藩体制には機構的には何もありませんでした。ただ学問の面においてそれを阻止するのが儒教の民本主義ですが、御用学者になり果てた儒者には全く期待はできませんでした。

　それを具体的にチェックするものは農民による百姓一揆か、都市住民による打ちこわし、または下級武士による反乱それら以外の方法はなかったのです。

　天明7年（1787）5月20日から23日にかけて徳川将軍家のお膝元、江戸市中で、米屋をはじめ質屋・酒屋など米を持っているまたは隠し持っていそうな900軒以上の商家が下層の住民らにより打ちこわされました。その原因は数年にもわたった凶作による米価高騰が、住民の生存を脅かしたからです。江戸町奉行所などの警察力では手がつけられず、打ちこわし勢のなすがままの無秩序状態が4日間続きました。

　この前後に、大阪、甲府、駿府、奈良、伏見、長崎などの幕府直轄地や、各地の城下町、尾道・下関等の港町でも激しい打ちこわしが続きました。なお、東北地方の各地では一揆、打ちこわしに立ち上がる気力すら失い多数の餓死者を出すという悲惨な事態となりました。現代の日本であれば、この様な事態となれば、その政権は即座に崩壊してしまいますが、封建体制下の江戸幕藩体制は崩壊する

ことなくその後約 80 年間も続いたのです。

　天保年間（1830 ～ 1844）には、約 6 年間も凶作が続き諸国が飢餓状態となり、餓死者が続出しました。そのため、全国各地で打ちこわし、一揆が多発しています。

　その主だった事件を時系列に並べてみます。

① 1831 年：長州の大飢饉：天保年間に大規模の農民一揆が発生。財政状態が悪化した毛利藩が専売制をさらに強化したのが原因で 6 万人の民衆が激しく抵抗し、3 か月以上にわたって、大混乱に陥りました。

② 1831 年：全国各地で打ちこわし騒動が発生

③ 1834 年：秋田藩の大一揆が発生　大阪の打ちこわし騒動の発生

④ 1836 年：全国多数の藩で打ちこわし騒動の発生

⑤ 1837 年：「大塩平八郎の乱」　大阪町奉行所の与力であり、陽明学者でもあった大塩平八郎が窮民救済を大阪奉行所に掛け合いましたが受け入れられず、武装蜂起し半日で制圧されましたが、幕府に多大な衝撃を与えました。

⑥ 1842 年：近江国の甲賀、野洲、栗太（全て幕府領 20 万 800 石）の大一揆。水野忠邦の「天保の改革」の一環として石高を上げるため再検地を強行しようとした幕府に対して農民 6 万人と名主 260 名が一体となり強訴した一揆であり、庄屋の多数が拷問死または処刑されましたが検地を挫折させ「10 万日延期」とさせた事件でした。

　この間、幕府が財政難を全く放置していた訳ではありません。「享保の改革」や「寛政の改革」を理想とした、天保の改革が老中水野

忠邦により実施されました。「人返し法」により江戸に流入して来た貧しい農民を強制的に故郷に返し、農業に従事させたり物価のつり上げの原因と考えられていた株仲間を解散させたり、「上知令」という命令により大阪周辺の大名領や旗本領を幕府の直轄地にしようとしましたが、いずれも実現に失敗し幕府の権力がいよいよ衰えたことが証明される結果となりました。天保の改革の失敗は、将軍・幕府の威光で諸大名や百姓・町人を従わせる政権運営、幕府専権政治がもはや通用しないことがはっきり示されました。今後幕府が政治の主導権を維持してゆくためには、諸大名と協調し、納得と合意を取りつけながらさらには天皇権威を取り込みながら、幕府を運営してゆかざるを得ない状況となったのです。

　1843 年老中水野忠邦は、天保の改革の失敗により罷免され後任は秀才の誉れ高い阿部正弘（福山藩）が 25 歳の若さで老中首席となりました。阿部氏は三河以来の名門譜代で初代阿部正勝は幼少期から徳川家康に仕え、家康がまだ竹千代と呼ばれていた頃に織田氏や今川氏の人質として送られていた際の従者の一人でした。阿部氏は 1711 年下野、宇都宮から備後福山へ転封した譜代大名（11 万石）なのです。


## ❏ 江戸時代の身分制

　幕末の日本では一般的に近世人の日常語を使って、大名の統治組織を「国家」江戸の主権を「公儀」京都の王権を「禁裏」と呼んでいました。
　近世日本では社会が身分的に組織されていました。人々は異なる

権利と義務を持つ様々の「イエ」や集団のなかに生まれ落ち、いつも上下の関係を意識しながら一生を送ったのです。

　近世の身分には、支配身分と被支配身分の他にいくつかの区分法がありました。ひと

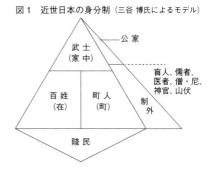

図1　近世日本の身分制（三谷 博氏によるモデル）

つは政府の定めた登録法によるもので、武家の場合は分限帳、庶民の場合は人別帳がその所属を決めていました。庶民の場合、農村部である「在」で登録されたら「百姓」、町で登録されたら「町人」と呼ばれその間の権利に大きな差はありませんでした。

　今ひとつは職能による区分で、公家、武士、商人、職人や漁師、僧侶、神職、山伏、医者、学者、芸能者など様々の職能がありました。登録による身分は基本的に世襲されるものであり他の身分への移動は難しかったのですが、職能による身分の中には移動可能な場合もありました。僧侶は世俗の身分を超えた「世外」の存在であり、元は下級武士や庶民でも修行次第で寺社組織の中での地位上昇が可能でした。また、武芸者、僧侶、神職、医者、学者、などの知的職能は個々人の「腕前」が重要とされ、武芸修行、医学、儒学などを学ぶ機会を得た者は庶民であっても、しばしば大名に召し抱えられました。職能についた者は武家や庶民と異なる形に頭を装い異なった衣服を身につけたため、一見してすぐ識別できる存在であったのです。

　以上の説明をひとつの図にまとめたのが、図1です。制外に盲人が入っています。近世の身分制では基本的には世襲でしたが、盲人の身分は世襲ではありませんでした。ほとんどの盲人は生まれた後に失明した者だったからです。盲人となった彼等のほとんどが家族

によって養われていたのですが、一部は家を出て、盲人の仲間をつくり相互扶助を行ったのです。本州の中央部では男性は「座頭」女性は「瞽女」と呼ばれる座を結んで、座頭は京都に本拠をおく仲間で「当道」と自称し、徳川公儀の法制に組み込まれて、強い結束力を持っていました。

　盲人達は浄瑠璃、地唄、琴、三味線、あるいは鍼、按摩などで得た金銭を貯め、金融業を始めて財産を蓄える者も少なくなく、公儀は彼等の金融業を特に手厚く保護したのです。

　幕末の幕臣、勝海舟の祖父は越後の農村に生まれた盲人でしたが巨額の蓄財に成功し、それを背景に、9人の子供のうち6人までを、江戸幕府の御家人株を買い武士にしました。また、女子は多額の持参金をつけて武家に嫁がせています。


## ❏ 日本洋学の夜明けと蛮社の獄

　19世紀前半の日本は前述のような暗い話ばかりではなく、日本の将来にとって明るい話もありました。

　その重要なひとつがシーボルトの長崎への来日でした。文政6年（1823）、彼はドイツ医学界の名門出身でオランダ商館付医官として赴任して来たのです。シーボルトは医学は勿論のこと、動植物学、地理学、人類学など幅広い分野の高い学識をもっていたため来日1年後には特別のはからいで長崎郊外の鳴滝で、診療所兼学塾を開くことが許されました。門人は57名で医学や、他の洋学を志ざす若者たちが全国から集まり、その内で、歴史的に有名となった高野長英や伊東玄朴の名がありました。

その５年後、任期を終えたシーボルトが帰国する際、その船内から禁制品である日本地図や拝領品の葵の紋服などが出て来たため、スパイ容疑を受け海外追放、再渡航禁止の処分を受けました。

　当時江戸では洋学者を中心とする対外問題研究や新知識の交換を目的とした「尚歯会」というサークルをつくりました。洋学者の集まりであるところから蛮社（蛮学社中）と呼ばれていました。

　その事実上の盟主は三河、田原藩の家老渡辺崋山でその他、小関三英（岸和田藩藩医）、髙野長英、川路聖謨（かわじとしあきら　勘定吟味役）、江川太郎左衛門（代官）、鷹見泉石（古河藩家老）たちでした。このグループは非政治的な集まりでしたが幕政、藩政のメンバーが多く議論の内容が政治的な内容になり易い傾向が常にありました。

　評定所一座が「異国船打払い令」を厳守すべしとしたのを漏れ聞いた尚歯会の髙野長英は「戊辰夢物語」、渡辺崋山は「慎機論」を書いて、異国船打払い令がイギリスとの紛争を招く危険性を指摘していました。世界の地理や状勢を知る蘭学者や知識人達は対外的危機と幕府の危うさを憂慮していましたが、メンバーの一人の密告により、渡辺崋山は永蟄居、髙野長英は永牢の処分を受けました。洋学上の有名な事件となり「蛮社の獄」と呼ばれるようになりました。

　その後渡辺崋山は自害、髙野長英は６年間入牢していましたが、牢屋の火事を機会に脱走し、５年後に江戸で幕吏に囲まれて自害しました。

　幕藩体制下では学問の自由は認められず、時には厳しい弾圧の対象となりましたが、政治体制から比較的離れている医学等では急速な発展の起爆剤となっていったのです。

## ❏ 欧米列強の接近

　18世紀初頭夏、イギリスから始まった産業革命やフランス革命により市民が力を持ち資本家となって商品を生産し、販路を広げる時代が到来し、ロシアがヨーロッパ列強の一角に成長した時代となりました。

　こうした時代背景から度々ヨーロッパ（ロシアを含む）アメリカの商船や捕鯨船軍艦が日本に来航するようになりました。童内・長野等によれば1800年初頭ペリー来航までの外国船の日本来航は北海道から琉球までの日本列島の範囲で60回記録されています。内訳はイギリス船25回、ロシア船14回、米国船10回、フランス船3回、オーストラリア、スペイン、ベンガル各1回ずつ、国籍不明船5回でした。欧米列強の国々は日本との通商を求め、さらに日本の植民地化の可能性も視野に入れた国もあったと思われます。

　そのうちのペリー来航までの歴史上重要と思われる件について述べることとします。1804年ロシアの使節レザノフが長崎に来航しロシア皇帝の国書を携え、通商を求めましたが拒絶され、その後、樺太や択捉の日本の番所を攻撃しました。1808年イギリスのフェートン号が敵対していたオランダ船を追って長崎港に入港した事件や、1824年イギリスの捕鯨船が水戸藩の領地である大津浜で薪・水・食料を求め水戸藩士と衝突した事件がありました。このように外国船とのトラブルが多発したため幕府は1825年当初の食料・燃料を与え穏便に帰国させる方針を転換し1825年日本沿岸に来航する外国船を撃退せよという内容の異国船打払い令を出しました。

　1837年日本人漂流民を送還のため江戸湾に初めて来航したアメリカのモリソン号を来航の目的も問わずまさに問答無用として、いき

なり異国船打ち払い令に従って砲撃し打払いました。また、その処置を批判した洋学者達にも厳しい処罰を与えました。

1842年アヘン戦争で清国がイギリスに大敗し、香港の割譲、広東、上海など5港の開港、賠償金の支払い、清国にとって極めて不利な南京条約を結ばされ、半植民地化されたという情報を入手したため幕府は異国船打払い令を廃し、無用な摩擦を避けるため、薪・水・食料給与令に復しました。

1845年アメリカの捕鯨船マイハタン号が22人の日本人漂流民を乗せて浦賀に入港しました。漂流民は2隻の廻船の乗組員でした。幸いこの時幕府が異国船打払い令を廃止していたため、モリソン号のように砲撃も受けず浦賀奉行所と交渉し無事漂流民全員を幕府側に引き取ることが出来ました。

このモリソン号とマイハタン号の2隻は日米外交史を考える上で重要な事件として歴史に名を残すこととなりました。


## ❏ 雄藩の台頭

江戸時代末期実力を伸ばしている藩が多くありました。実力をつけた藩は地方の大藩が多く雄藩といわれるようになりました。維新史上雄藩として活躍した諸藩は薩摩・長州・土佐・肥前の西日本の4藩でした。後にこの4藩の志士達が中心となり、倒幕の主役として活躍することとなったのです。

これらの藩は天保期から安政期（1830～1860）にかけて徹底した藩政改革を行った藩で、その改革の過程を通じて、身分によらず有能な人材を登用したため従来の門閥的重臣層が主役にならず、中・

下士層を中心とした勢力が台頭したのです。

## 薩摩藩

　当藩は文政年間（1818 ～ 1830）には負債 500 万両（現在の約 5,000 億円）もあり、実質的には財政破綻の状態でした。その立て直しに家老調所広郷があたりました。この負債を事実上の踏み倒しに等しい 250 年の年賦返済・無利子で決済しました。また、奄美大島・徳之島・喜界島の 3 島で、黒糖の専売の強化、琉球を通じた清との交易、密貿易などで、藩財政を立てなおしました。1848 年調所広郷は密貿易の発覚により服毒自殺しました。

　その後西欧の近代文明に早くから関心を持ち英明の誉れ高い島津斉彬が藩主となり、反射炉・溶鉱炉をはじめ、鋼鉄、各種のガラスなど軍需・民需の洋式技術の工場群である集成館をつくりました。また、海軍の創設に着手しました。

## 長州藩

　1831 年長州藩も財政破綻状態となり、専売制強化に反対する民衆の反乱により 3 か月以上も領内は混乱し、藩当局も衝撃は大きく、藩主毛利敬親は軽輩の村田清風を抜擢して改革にあたらせました。村田は負債を整理すると同時に緊縮財政を行い、下関に越荷方を設置してここを通る藩外の船を対象に金融業、倉庫業を営むことで利益を上げることに成功しました。こうした一連の改革は長州藩を富国強兵への道を開くこととなりました。

## 肥前藩

　肥前佐賀藩も天保年間ご多分に漏れず財政危機が訪れていました。

鍋島直政が藩主の座につくと、側近の古賀穀堂を師とし、地主制を否定し、均田制にしたり、耕地を確保するなどの改革を行いました。また、藩庁の人員を整理し、商人からの借銀の整理を徹底しましたが、国力を富ますには不十分でした。当時一部の諸藩では、すでに石炭が使用され始めおり、松浦郷や高島、福母の石炭に目をつけ、石炭を小麦、陶器などとともに輸出し莫大な利益を上げることに成功しました。

　また、直政は西洋の科学技術に興味を示し、オランダ医官や洋式軍学、砲術の研修、反射炉、大砲の製造なども行いました。一方政治的には先進的な人材の活躍の場が与えられなかったため、大隈重信、江藤新平、副島種臣などは藩内で孤立し、明治維新の檜舞台では雄藩のなかでは出遅れる結果となりました。

## 土佐藩

　名君として名高い山内容堂が藩主についたのが、1850年でした。就任後、しばらくは保守的門閥層が強く、独自の政策は打ち出せなかったのですが、儒学者吉田東洋を起用し、門閥派をおさえながら、改革に着手しました。特産品の専売で利益をあげるとともに洋式砲術の採用や、大砲の鋳造、造船などに注力しましたが、依然として反対派は多く改革は藩の中・下士層のみに支持されていました。

　これら西日本の雄藩と呼ばれる諸藩は欧米列強の脅威を感じ幕府を頼りにするだけではなく、独自に改革と近代化を目ざして始動を開始したのです。

## ❏ 江戸幕府・鎖国体制の揺ぎ

　1842 年アヘン戦争での清国の大敗とその結果の半植民地化、不平等条約の締結のニュースは日本に強い衝撃を与えました。日本が清国と同様の運命をたどる恐れは十分にあり、もはや日本の鎖国が不可能であることは、世界史的にみれば明らかなこととなりました。

　ヨーロッパの中でただ 1 国だけ鎖国中も日本と貿易を続けていたオランダも遅かれ早かれ日本の開国は避けられないことをよく理解していました。そこでオランダ政府は 1844 年特使コープスを日本に派遣し、国王ウイリアム 2 世から徳川将軍に対し開国を勧告する親書を送りました。兵乱は国の荒廃を招くので、それを避けるため鎖国をゆるめるようにという勧告でした。しかし日本側からの回答は「祖法歴世の法」である鎖国をやめるつもりはないという返書が送られました。

　ペリー来航に先立つこと 7 年：1846 年 5 月浦賀沖にアメリカ東インド艦隊司令長官ピッドル提督のひきいる 2 隻の軍艦が来航しました。来航の目的は日本に開港の意志があるかどうかを打診するためでした。当時のアメリカはアジアに来航するためには大西洋・インド洋を横断し途中、自国領の寄港地を持たないという、非常に不利な条件でアジアの交易を行っていたのです。また、アメリカは当時世界最大の捕鯨国であり、1846 年の 1 年間の統計記録では、736 隻の捕鯨船が太平洋に出漁していたのです。このような北太平洋に出漁した捕鯨船の薪・水・食料を補給する寄港地を確保するためには、是が非でも日本の開港が必要だったのです。

　ピッドル艦隊来航に対し、老中主座の阿部正弘は外国との通商は国禁であり、外交に関することは長崎ですべて取り扱うと通告を出

しました。この回答を聞いてピッドルは平穏に立ち去りましたが、アメリカ国内ではピッドルの軟弱外交に対して多くの批判が続出し、大艦隊を派遣して、日本に開国を迫る計画が進められることとなりました。

　ピッドル艦隊の来航までは少数の幕府上層部の役人や学者を除けばアメリカについて知っている人は皆無と言っても過言でない程少数だったのです。ましてや江戸湾沿岸の漁民・農民はアメリカが日本に興味を持ち始めていることなど想像もしていなかった時代でした。

　江戸時代の日本は完全に鎖国していた訳ではありません。また、長崎だけが鎖国した日本の唯一の外国に対する窓口でもなかったのです。江戸時代を通じて、日本にとって、経済的にも文化的にも重要な国は中国だったことは明らかです。

　江戸に幕府を開いた徳川家康は明との国交を樹立しようとしましたが、明から拒絶された政治状況の下で、日本が国交を持たない中国へ間接的につながるための交易路が必要だったのです。その交易路として徳川家康は、対馬藩と李氏朝鮮の交易、薩摩藩と琉球王国との交易、北海道松前藩とアイヌ、沿海州との交易を認めました。以上のように長崎での交易以外に３か所の主として中国との通商の場を持っていたのです。

　1630年代、徳川秀忠、家光の時代に日本人の海外渡航禁止とポルトガル人の追放などが発令され「鎖国体制」が完成します。キリシタン禁制のため、ヨーロッパ人の入国を制限し、ヨーロッパ諸国の中で宗教色が薄く、交易目的という要素の強いオランダ一国だけに長崎に限り交易を許したのです。その交易品は当初金・銀・銅が主要商品でした。長崎は他の３か所の様に諸大名にまかせたのではな

く、江戸幕府の直轄地であり、長崎奉行の管理下におかれました。この交易体制は以後幕末まで続くこととなりました。

　明と清の政権交替の一時期を除いて、幕府は中国が攻め込んで来るとか中国の邪教が日本に広がりかねないという懸念は全く抱いていなかったと思われます。

　幕府が危険視していたのはヨーロッパの思想（キリスト教）や軍事力でした。「鎖国政策」はあくまでもヨーロッパ諸国との関係を意識してとられた政策であると考えられます。とりわけ 17 世紀に恐れていたのは、ポルトガル・スペインといったカトリック勢力による、布教・貿易・領土の占領を一体とした、対外進出の動きでした。

　18 世紀後半から 19 世紀前半にかけて恐れの対象はヨーロッパ諸国が起こしつつある交易を通じて、領土欲もあるのかも知れないという活動であり、植民地化の危機を感じさせられるようになりました。このような時代背景のもとに、1641 年欧米国家の中でオランダだけに交易の許可を出す条件として、特にヨーロッパ諸国の動向やアジア諸国の状況を定期的に情報提供することを義務としました。このオランダからの報告書が、いわゆる「オランダ風説書」と呼ばれるようになったのです。その条約締結後、オランダは、オランダ商館長により幕末まで毎年 1 〜 6 回の頻度で報告される様になり、嘘をつかず、隠したいことは報告しなかったようですが、かなり良心的にまた、詳細な報告を幕府に提出したため、江戸幕府は鎖国したとはいえ、欧米列強の政治状況をかなり詳細に知ることが出来るようになったのです。

　ではオランダ風説書はどのような重大な情報を江戸幕府にもたらしたのでしょうか。まず第 1 はフランス革命の情報でした。この情報は 1795 年に江戸幕府にもたらされています。革命後 5 年経過し

ていますが、ルイ16世が処刑されたのは1793年であり、それまでは報ずるに足る大事件だとオランダ人は思っていなかったようです。当時近代的な意味での革命という言葉が存在していない時代であり、その政治的重大さを認識していなかったためと思われます。また同時にフランス革命軍の侵攻を受けたオランダにとって、革命よりその戦争の方が重大な出来事でもあったのです。

第2は既述の1804年ロシア使節レザノフの来航です。その2か月程前にオランダ商館長から長崎奉行にレザノフ来航が予告されています。

1805年から約10年間第4次英蘭戦争やナポレオン戦争の影響でオランダ船が長崎に来航しない時期がありました。その間長崎奉行はロシア船やイギリス船から新たな情報提供を受けていた時期がありました。1817年、8年ぶりにオランダ船が来航し風説書が復活し、1840年から1842年の中国とイギリスのアヘン戦争の情報は特に日本にとって重要だろうとのことで、オランダは詳細な報告を提出しています。

その報告から幕府はヨーロッパ列強との衝突が起これば経験を欠く日本人は経験を積んだヨーロッパ列強の武力に太刀打ち出来ないと確信を得たようです。

この事実から当時は幕府が日本国中で唯一の欧米列強の実力を理解していたと考えられます。

## ❏ ペリー来航の予告情報

1850年米国議会は日本の開港に努力することを議決しました。

1852年オランダからの風説書は幕府に対するアメリカからの開港を促す使節派遣の第一報の予告でした。

　少々長くなりますが、その全文の現代語訳を紹介いたします。

　『北米合衆国が日本との貿易関係を結ぶために、同国へ派遣される予定の遠征隊について、またもや噂が流布している。合衆国大統領の日本宛の書翰1通を携え、日本人漂流民を数人連れた使節が日本へ派遣されるとのことだ。その使節は合衆国市民の貿易のため、日本の港をいくつか開かせようとしており、又、日本の手頃な一港に石炭を貯蔵出来るように許可を求めるらしい。後者の港はアメリカがカリフォルニアと中国の間を結ぼうと計画している蒸気船の航路のため必要とされている。

　現在、中国海域には、アメリカの蒸気フリゲート艦サスケハナ号とコルベット艦のサラトガ号、プリマス号、セントメアリ号及びヴァンダリア号がいる。これらの艦船が使節を江戸へ送るよう命ぜられているらしい。

　最近受け取った報告によれば、遠征軍司令官オーリック准将はペリー准将と交代するとの由。ブリック艦ペリー号及び運送船サプライ号が増強されているそうである。新聞によれば上陸用ならびに包囲戦用の資材も積み込まれた。しかし、これらの艦隊の出発はかなり遅れるだろうと報道されている。』

　以上がオランダからの風説書の全文です。上記の情報をオランダは幕府に提供しているので、正確な日時は不明ですが1年以内には米合衆国が日本に対して、開国を迫って来航することを幕府は十分知っていたと同時にその対応に苦悩していたのです。

# ❏ ペリー来航

　嘉永6年（1853）6月3日早朝4隻の黒船が三浦半島をまわり、江戸湾に進入し午後5時に浦賀沖に錨をおろしました。ペリーの来航です。ペリーは1846年〜1848年のアメリカとメキシコの戦争（米墨戦争）の海軍司令長官として活躍し、メキシコに大勝し、カリフォルニア州を獲得し、アメリカ領土とした当時のアメリカの英雄的軍人でした。旗艦サスケハナ号（2,450トン）は蒸気船であり当時世界最大の軍艦でした。以下ミシシッピー号、プリマス号、サラトガ号の3隻も巨大艦でした。

　当時の日本では幕府が大型船の造船を禁止したため、最大でもいわゆる千石船と呼ばれる100トンの木造船が最大でした。それを見慣れた当時の人々には常識を越えた不気味なものに映ったでしょう。

　日本は旧来の通り交渉は長崎で行うことになっているから長崎へ回航するように求めましたが、拒絶されました。アメリカ側の対応は将軍が大統領親書を受領すること。回答しないなら、アメリカに対する侮辱と考え、いかなる事態が起きても責任はとらぬという強硬な態度を示し7年前に来航したビッドル提督の宥和外交とちがって、ペリーは軍事力で威嚇しながら交渉に決着をつけようとしました。

　幕府は対策の名案が浮かばず結局アメリカ合衆国大統領の親書を受けることとなりました。

　国書の内容は①難破船の乗組員の救出　②米国船への水・食料・石炭の補給　③日・米間の通商の開始という具体的な要求でした。

　ペリー来航時の首席老中は英才の誉れ高い阿部正弘でした。彼は秀才と呼ばれる政治家にあり勝ちな調整型の政治家と思われます。

1年後までに幕府のアメリカに対する態度を明確にしなければならないという徳川幕府開闢以来の最大の危機に対して、彼は自己の意見は控えて、即断即決は避け、封建体制の先例を破って、諸大名の意見を聞くことにしたのです。朝廷にも報告しています。

　大砲を備えた巨艦4隻が江戸湾に侵入したことで江戸市中は大騒ぎとなりました。江戸市民は疎開する者や、物めずらしさから船を仕立てて、黒船見物に出かける者もあったといわれています。

　「泰平の眠りをさます上喜撰、たった四杯で夜も眠れず」というペリー来航時を詠んだ有名な狂歌は、確かに良く出来た狂歌ですが、この狂歌はペリー来航15年後以降の明治時代の作であることが歴史家により明らかとなっています。それが昭和30年の私の教科書にも平成18年の私の孫の教科書にも記載されているのは何故なのでしょうか。考えてみて下さい。

　さて、諸大名の意見の結果はどうなったのでしょうか。鎖国か開国かについての諸大名の意見は三つに分かれました。開国を唱えた藩は筑前藩以下21藩、避戦論（開国やむなし）を唱えた藩は尾張藩以下18藩、拒絶（鎖国続行）を唱えた藩、肥前藩以下19藩でした。その他の藩は無回答と思われます。

　この結果を参考にして、阿部正弘以下の幕閣は、1年後のペリー再来航時回答は避戦（開国やむなし）と決定しました。阿部正弘老中首座は尊王攘夷論の強い水戸藩の水戸斉昭にも意見を聞き、開国には反対しないとの回答も得ていました。

　しかし、これをきっかけに朝廷や大名の発言権が強まることとなり幕府の権威は低下するとともに弱体化することとなりました。

## ❏ 日米和親条約の締結

1854 年 2 月ペリー艦隊は旗艦ポーハタン号をはじめ、サスケハナ号、ミシシッピー号の蒸気船 3 隻と帆船 4 隻からなる 7 隻の大艦隊で江戸湾の奥深く羽田沖まで侵入し威圧しました。幕府は横浜で交渉を行うことにしました。交渉日は 2 月 10 日から 10 日間計 4 回もたれ、日米和親条約が締結されました。締結文は 12 ヶ条からなり主な内容は下田、箱館の開港と薪・水・食糧の供給、外交官の下田駐在の許可、最恵国約款の承認などでした。この条約はまだ自由な貿易を規定化した通商条約ではないにしても、徳川幕府二百数十年にわたる日本の鎖国が実質上、打ち破られたことになったのです。

## ❏ 吉田松陰密航の失敗

条約の調印後に開港の決まった箱館と下田の両港を調査するためペリー艦隊は下田に入港していました。この時夜陰にまぎれて小舟を漕ぎ出しアメリカに密航しようとした 2 人の日本人がいました。旗艦ポーハタン号で取り調べを受け、意気込みは評価するが正式な国交の約束ができたばかりなので国禁を破る私的な密航は受けることが出来ないと断られ 2 人はボートで戻され下田番所に逮捕されて江戸に護送されました。同時に密航計画に加担した佐久間象山も連座して、罰せられ、松代藩で蟄居させられました。

この 2 人の破天荒な行動をみたペリーの行動と所感が「ペリー日本遠征記」に記載されていますので、ほぼ原文のままで紹介いたします。

『提督はその犯行をいかに些細なものと考えているかを日本の役人に印象ずけようと、注意深く努力をして、その犯行に対して刑罰を軽くしてほしいと願いました。

　この事件は厳しい国法を犯し、知識を増やすために生命まで賭けようとした2人の教養ある日本人の激しい知識欲を示すものとして興味深いことであった。日本人は確かに探究好きな国民で、道徳的、知的能力を増大させる機会は、これを進んで迎えたものである。この不幸な2人の行動は、日本人に特有のものだと信じられる。また日本人の激しい好奇心をこれ程よく示すものは他にはあり得ない。

　ところで、その好奇心が実行に移されるのを抑制するには、最も厳格な法律と、それに違反させない様に絶えず監視する以外に道はない。日本人のこの気質を考えると、その興味ある国の将来には何と夢にあふれた広野が、さらに付言すれば何と希望に満ちた期待が開けることか』とペリーは記しています。

　結局3人は幕府から藩に引き渡され、佐久間象山は前述のように蟄居、吉田松陰と重輔は萩に送られそれぞれ野山獄と岩倉獄につながれることとなりました。

　吉田松陰がこの様な危険を冒してまで、海外渡航を計画したのは「尊皇攘夷」の思想を具体的に実現するためには是非とも欧米列強の実情をもっと正確に知りたいという強い願望があったためと思われます。

　ペリー来航に続き、イギリス艦隊が長崎に、ロシアのプチャーチンが伊豆の下田港に来航し、1854年「日英和親条約」、1855年「日露和親条約」、1856年「日蘭和親条約」が同じような条件で締結されました。

　特に地理的に近いロシアとは長崎の開港を認めエトロフ島以南が

日本領、ウルップ島以北がロシア領、そして樺太は両国の雑居の地とする国境の画定が行われました。阿部正弘老中首座は多くの政治実績を上げています。日米和親条約以後イギリス・ロシア・オランダとも同様の条約の締結を行い、有名大名たちを政治参加させ、台場の築造を行い、幕所調所、海軍伝習所を設置し、軍事力の強化をはかりました。しかし、彼は安政4年（1857）6月16日に病いに倒れ老中在任のまま死去したのです。

　阿部正弘老中の急死後、堀田正睦（ほったまさよし）が筆頭老中になりました。初代総領事として下田に着任していたハリスは寄港地の提供という和親条約の内容を拡大して「通商条約」を結び日本を貿易相手国としたいと考えていました。ハリスは徳川家定に面会し、通商条約の締結を要求しました。幕府内は締結に賛成派と反対派に二分されました。

　しかし、幕府首脳は清国の悲惨な状況（アヘン戦争・アロー号事件による半植民地化）から、避戦する為には条約の締結は、もはや、やむをえないと、判断しました。そこで堀田正睦は朝廷の力を借り、天皇の勅許を得ることで、アメリカとの条約締結を反対派に納得させようと、京都を訪れて勅許を求めましたが孝明天皇をはじめ、朝廷に想像以上に反対され勅許を得ることが出来ませんでした。

　当時幕府内にはもうひとつの対立構造がありました。それは病弱だった13代将軍徳川家定の跡継ぎをめぐる問題でした。当時将軍候補は「一橋慶喜」と紀伊藩主の「徳川慶福（よしとみ）」の2人でした。一橋慶喜を推す「一橋派」（越前藩主松平慶永や薩摩藩主島津斉彬等）はすぐれた人材が協力して難局を乗り切ろうと考えていた一派でした。一方徳川慶福を推す井伊直弼を中心とする譜代大名等の一派は南紀派といわれました。堀田正睦は条約問題と将軍後嗣問題

の板挟みの中で失脚してしまいました。

　堀田正睦の失脚後、大老として幕府の中心となったのが井伊直弼でした。井伊大老は就任後すぐに条約締結問題と将軍後嗣問題に決着をつけようとしました。条約問題では、天皇の勅許が得られないまま「日米修好通商条約」の調印に踏みきりました。

　この条約で新潟、神奈川、兵庫、長崎の４港が開港しました。

　この条約は「不平等条約」ともいわれ、関税自主権もなく日本国内での外国人の犯罪に対する司法権（領事裁判権）も及ばないものでした。同様の条約がイギリス・フランス・ロシア・オランダとも結ばれました。これらの不平等条約の改定のため、日本はその後約50年もの月日を要することとなったのです。

　井伊大老が天皇の反対を無視し、外国との不平等条約を結んだため、いわゆる「尊皇攘夷」運動が燎原の火の如く、急速に全国に広がり始めたのです。


## ❏ 吉田松陰と松下村塾

　吉田松陰は1830年6月4日長門国・萩松本村で生まれました。彼は家禄26石、杉百合之助を父として、杉家７人兄妹の二男として生まれたのでした。彼は幼時から秀才として有名であり、６歳の時山鹿流の軍学を講ずる吉田家の養子となりました。12〜13歳頃には、彼は藩主の前で軍学の講義をするほどになっていました。その頃の彼は父の弟である玉木文之進の基礎的な教育に負うところが多かったのです。16〜19歳頃の松陰は生きた社会の現実と対決することに、より大きな意義を見出していました。単なる書物による学問ではな

く政治が関心の中心になって来たのでした。松陰の学問は、まだ書斎の学問であり見聞も決して広いとは言えませんでした。

　そこで見聞を広めるため、平戸の学者葉山佐内を慕って藩主の許しを得て、1850年8月25日鎮西（九州西部地方）遊歴の旅に出ました。そこで佐内の世話で平戸の町に旅宿を借り、そこを本拠に毎日勉学に励みました。平戸藩滞在中に読破した本は約80冊でした。注目すべき点はその中に水戸藩の学者、会沢正志斎の「新論」の2冊があったことです。彼は平戸滞在を終え長崎に行き、頼山陽の「新策」、大塩平八郎の「洗心洞箚記」、髙野長英の「夢物語」等26冊を読破しています。この鎮西の旅は約120日でした。

　この九州の旅行で彼が得た収穫は兵学でもなければ、陽明学でもありませんでした。彼がこの旅で身につけたことはその時勢の移り変わりと息吹であったのです。彼が平戸・長崎で読んだ内にアヘン戦争に関するもののほか時勢を知り外国の事情を知るための書が多く含まれていたのです。彼はその遊歴の翌年その報告を藩の支配方に提出しています。その内、顕著なものは政体論にみられる会沢正志斎の「新論」の感化と思われるものです。

　彼はやがて、1851年藩主に従って江戸に留学し、安積艮斎につき儒学を、山鹿素水につき兵学を、佐久間象山につき洋学を学んだのです。しかし、特筆すべきことは江戸で一代の傑物佐久間象山に師事したことは何といっても彼には大きな転機をもたらすものでした。その後会沢正志斎と会談した松陰は「身、皇国に生まれて皇国たるを知らずんば何を以て天地の間に立たん」との自覚に至ったのです。

　その当時松陰は世界の大勢に思いを馳せ、国内の政治に身をもって感じるとき、心ある学者は、たとえ、その身は書斎の内にあろうとも、自らの学問の価値を、改めて問い質さなければならないと考

えていたのでした。松陰は打開を望み、飛躍を願っていたのです。好んで他国人との交わりに顔を出したのも彼の行きづまりを打開する一つの方法であったのでしょう。時代の苦悶や思想の苦悶を打開するために、彼は盟友宮部鼎造と東北旅行に藩の許可なく出かけることとしました。

　1852年12月9日松陰23歳。亡命の罪で松陰は士籍を失い世禄を奪われ、一介の浪人となり、山鹿流軍学師範の肩書も同時に返上しました。しかし、この犠牲において得たものは彼にとって最も貴重なものであり、最も重要なものでした。自らの学問・思想と自らの社会的な実践がひとつに結び合わされる契機をつかんだのですから。

　その当時攘夷思想家の少なからぬ者は、ただ闇雲に洋夷排撃を唱えていたのではなく、敵情を知り、彼等と互する道を模索していたのです。多くの志士達のなかには攘夷の意気込みと広く世界を見聞したいという願望が強い攘夷思想家は多くいたのです。吉田松陰のアメリカ密航計画もまさに、これに値する行動だったと思われます。

　アメリカ軍艦による密航計画の罪で萩・野山獄に移されていた吉田松陰は、病養を理由に出獄し、実家お預けとなり、1857年廃屋を改造して開いたのが、たった一室の八畳の間の松下村塾だったのです。

　松陰の教育のやり方は、今でいう、マンツーマン方式で、一人ひとりの長所を見つけ伸ばしてやろうとするものでした。したがって、与えるテキストも別々であり内容も異なっていました。

　松陰は水戸や薩摩の者が尊攘運動の先頭に立とうとしている時に、長州だけが手をこまねいている訳にはいかないとして老中間部詮勝の暗殺を計画しました。こういう一連の動きを察知し憂慮した毛利

藩によって、ふたたび投獄され松下村塾は終止符を打たれたのです。松下村塾が開かれた期間は、わずか2年足らずでした。しかし、この塾から輩出した志士達は多く、以下のような名だたる志士達の名が認められます。松陰の願いは十分報われたと思われます。

①高杉晋作（20歳）、②久坂玄瑞（19歳）、③前原一誠（25歳）、④入江九一（22歳）、⑤品川弥二郎（16歳）、⑥伊藤博文（18歳）、⑦吉田稔麿（24歳）、⑧山県有朋（19歳）、⑨松浦松洞（22歳）以上が主な塾生です。木戸孝允は松下村塾以前に教えを受けています。


## ❏ 尊王思想

尊皇は尊王とも表記されています。水戸学派では尊王の方がより正しい表記と考えられていました。

水戸学の尊王の思想は水戸家2代藩主であり、副将軍でもあった水戸光圀によりある程度確立された思想です。水戸光圀が明の滅亡により日本に亡命した中国人儒学者・朱舜水の教えにより影響され確立した尊王思想ともいえるのです。そのため、江戸時代初期の徳川光圀以来の水戸は尊王思想の風土がありました。また、水戸光圀はテレビドラマでおなじみの水戸黄門のモデルとなった人物でもあります。黄門は中納言の別称であり、水戸徳川家は代々の当主が官位は中納言だったのです。

水戸光圀の天皇の理解は朱舜水の教えもあり、儒教に影響された傾向が強いものでした。儒教では日本の神に相当するものは天でした。天の最高道徳の国家の担い手は中国では皇帝でした。日本では天皇です。天皇が神（天）の徳を体現する存在なら、日本の政治は

天皇親政のもとで行われるのが、理想的であり、そこにこそ正義があると考えられていました。

　日本の歴史上、一時期、２人の天皇が同時に即位していた時期がありました。すなわち、南北朝時代です。天皇は日本国には唯一人でなければなりません。

　この矛盾した問題を水戸光圀はどのように説明していたのでしょうか。天皇が天の最高道徳の現身たりうる証明は「三種の神器」によってなされていたのです。言いかえれば三種の神器を持っている人が天皇なのです。三種の神器は南北朝時代には南朝の持ち物でした。よって南朝歴代の天皇が客観的にみて、正統であるとされました。その後、室町幕府三代将軍足利義満の仲介で南北朝が合一し、三種の神器が北朝側に渡されてから、北朝系の歴代天皇の正統性が確立しました。さらに言えば楠木正成や新田義貞のような南朝方の忠臣を賞賛することと、北朝系の今の天皇に絶対の敬意を捧げることの間に何の矛盾もないと考えられるようになりました。

　これが南北朝の天皇の存在のあり方を解決した水戸光圀の発想でした。

　明治44年1月19日読売新聞が「南北朝問題の国定教科書の失態」と題して文部省編纂の明治36年度（1903年度）の国定教科書で「尋常小学日本歴史」が南北朝を並立させて記述していることを取り上げ、これは大義名分を誤らせるものとして政府を非難しました。

　この問題は当時の国会でも取り上げられ、犬養毅が大逆事件と併せて帝国議会で質問した記録が残っています。

## ❏ 尊皇攘夷の思想

　尊王攘夷という思想は徳川幕府を倒幕するための最重要スローガンとして、また、唯一のスローガンとして、誰でも知っている思想として幕末の明治維新の時期に広く流布されました。

　言いかえれば、日本近代を開く起爆剤であり、明治維新を起こす原動力として尊皇攘夷思想は存在したのです。

　尊皇攘夷の思想は宋の時代の朱子学者が、2,000年以上前の論語の一節である「尊周室、攘夷狄」という六文字をその本旨から逸脱しないようにまとめ、「尊王攘夷」の四文字熟語に置きかえたものです。したがって「尊王攘夷」という四文字熟語は13世紀に滅亡した宋の時代に創られた思想なのですが、原典は2,000年以上前の中国の古典である論語によるのです。

　12世紀、宋は中国北部の異民族の金（女真族）や、さらにモンゴル族に圧迫され続け、南へ南へと追いやられ13世紀に滅ぼされました。王を尊び自国の正義を貫くためその思想は先鋭化してしまい、外敵を打ち払うという「尊王攘夷」の思想が確立したのです。

## ❏ 水戸学（日本）の尊王攘夷思想

　周知のように幕末の日本で尊皇攘夷の思想を広めたのは水戸学からでした。水戸学の攘夷の思想はどの様にして確立された思想なのでしょうか。

　1824年5月28日水戸領である常陸国多賀郡大津村の海岸にイギリスの大船（捕鯨船）が現われその大船から2艘のボートが12名の

船員を乗せて大津浜に上陸しました。陸には漁民のほかに村役人や郷士達が待ちかまえていたのです。12名の上陸者（白人と黒人）は浜の近くの漁師の家に留置されました。ここ数年来東日本の太平洋岸を中心に続いていた異国船騒動の異国人達は、いつの間にか日本人の多くの漁船や商船と仲良くしているらしい。その真相を明らかに出来る機会がついに訪れたのです。水戸藩から取り調べ役として大津浜に儒学者、会沢正志斎が遣されました。その取調べの結果、大船はイギリスの捕鯨船であり、将来日本を服従させ植民地化する意図を持ったイギリスの国の捕鯨船であることが断定されました。

　この大津浜事件こそが幕末の攘夷思想の原点となったのです。その後、儒学者会沢正志斎は「新論」を執筆し全国に流布されました。この会沢正志斎の著書「新論」は水戸藩の重要著作と言われ、薩摩・長州の勤皇の志士達の愛読書となり、吉田松陰も愛読者の一人でした。

　安政の大獄で有名な大老井伊直弼を桜田門外で暗殺した集団も水戸学の教えを受けた水戸の浪士達でした。こうしてペリー来航の約20年前から水戸は尊皇攘夷のメッカとなったのです。

　江戸時代の幕府の主たる目的は将軍が先頭にたって世界に冠たる皇国日本の価値を四海に認めさせることではありません。日本の独立と幕藩体制の維持が目的でした。天皇への将軍の服従が当然という考えは幕府本来の考えではないのです。

　水戸学の求める尊皇攘夷とは天皇の君臨する日本の国を将軍以下が守る専守防衛の思想ではありません。日本が真の中華であり、世界最高位の国家であることを西洋を中心とした諸外国に認めさせるのが尊王思想の究極の目的であり、攘夷とは日本に来た夷を追い払うことにとどまらず外敵の日本上陸を阻止するのは攘夷の大構想の

ほんの手前の一部分に過ぎないのです。世界中の夷を日本から夷の国にまで撃ちに行って従えるのが攘夷の最終目的だったのです。

　目標達成のためには手段を選ばず軍備を拡張・強化する。これが水戸学における究極の尊皇攘夷の思想だったのです。

　この思想に従えば国を鎖国するか、または開国するかという問題は大差ないと考えられていたようです。その証拠は、既述の通りペリー来航により、幕府が開国に踏み切る時、尊皇攘夷の思想のメッカとなった水戸藩の水戸斉昭（前藩主）に開国の是非について首席老中阿部正弘が問い合わせたところ、水戸斉昭は開国には反対しないと答えています。つまり、開国に対し消極的に支持表明したと思われます。


## ❏ 幕末の「志士」

　幕末に、希望しても江戸や京都に留学生として派遣されなかった若い武士たちは無断で藩を抜け出しました。脱藩です。そして、彼等は江戸や京都、その他の主要都市で幕府に不信感を抱き、アメリカをはじめとして、欧米列強諸国に対し、鎖国をやめ、開国した日本を守れなかった江戸幕府に対し、怒りを爆発させた諸々の運動に参加したのです。藩主のもとを無断で去ることは厳しく禁じられていましたが、彼等は公然とその規則を破って「浪人」又は「浮浪人」と呼ばれる主なき武士になったのです。つまり脱藩者は事実上の指名手配犯であったのです。

　このような運動は、幕末の長州藩が一番熱心な藩でした。その当時長州藩内には、若年ですが非常に影響力の強い思想家吉田松陰に

率いられた「松下村塾」があり、そこが運動の中心組織でした。藩内外の多くの若い武士達から尊敬を集めた精神的指導者吉田松陰は仲間達の不満と憤りを妥協なき幕府批判に変え、幕府に対抗する軍隊を編成するよう塾生達に呼びかけました。

1858年幕府大老井伊直弼の安政の大獄で死刑となった吉田松陰でしたが、1860年2月24日に大老井伊直弼が桜田門外で暗殺されたことが、志士運動における、最初の重要な作戦行動だったのです。

では、志士という語源はとこから出た言葉だったのでしょうか。これは中国の故事に由来するもので、論語の内で孔子は「志士仁人。無求生以害。有殺身以成人」意訳すれば、高い志を持つ人は生き延びるために仁義を捨てることはない。逆に仁義を守るために自分の命を投げ捨てるものだと言っているのです。

志士は中国の高い志をもつ人であり、古典の素養がある多くの若い武士達にとってなじみ深い言葉だったのです。中国では士はもともと文官のことを指していますが、日本の江戸時代に武士と結びつき、志士は高い志を持つ武士と解釈されたのです。そして1850年頃から吉田松陰のような倒幕派の知識人が、幕府とその支持者に敵対する武士を志士として称賛したのです。

1860年代になると志士の政治心情は「尊皇攘夷」のスローガンに集約され、幕府に対する志士の敵意は、幕府が尊皇攘夷を維持することが出来なかったことに基づいていたのです。

打倒江戸幕府を共通の目的とした志士達の多くが幕府の直轄地でありながら、比較的警備の弱い京都に集中して集まり、多くの集団をつくり、活躍することになりました。その集団の活動は無謀さ、誠実さ、そして動機の純粋性に重きを置き、その行動は、その後幕府崩壊に重大な貢献をしました。

その様な志士達が、維新後消えたあと、何十年にもわたって軍部の青年将校である反逆者達のあいだに生き続け、昭和時代に5・15事件、2・26事件を起こすことになったのです。


## ❏ 天皇号の成立

天皇という呼び方がいつ頃成立したのでしょうか。現在はまだ学説の段階であり定説はありません。しかし最近の歴史研究結果から、天皇号は天智朝から天武朝の間とする説が有力になっています。

天皇号の使用前は大王と呼ばれていたことは、歴史学者の間でも一致した意見です。天皇号は中国の道教などの影響を受けて成立したと考えられています。大王から天皇と呼ばれるようになった頃から、天皇は従来と異なったイデオロギーを伴ったものとして民衆の前にその姿を現すようになりました。

政治的支配者であった大王が、七世紀以降、神祇・仏教・儒教・道教などのイデオロギーに接する中で、自らそのイデオロギーを体現した超越的な君主として、民衆の上に君臨することにより天皇と称したのです。


## ❏ 安政の大獄

1858年6月25日将軍家定の跡継が徳川慶福と発表されました。その前日松平慶永（越前藩主）は井伊大老に談判して発表を引きとめようとして彦根藩邸に押しかけました。だが井伊は慶永の意見な

ど取り合わず登城の時刻だからといって席を立ちました。慶永は城中で話を続けようと、定例の登城日でもない日に井伊のあとを追って城内に入りました。

　同日、徳川斉昭（前水戸藩主）、徳川慶篤（水戸藩主）、徳川慶勝（尾張藩主）も押しかけ、井伊大老を待ち受けていました。さらに定例日登城した一橋慶喜も加えた一橋派の5名は井伊大老に対して、条約違勅調印を非難するとともに将軍継嗣公表を延期するように迫りました。最後の抵抗でした。

　ところが押しかけ登城が井伊大老の弾圧に絶好の口実を与えてしまい7月5日「安政の大獄」の第1号と呼ぶべき攻撃がかけられました。斉昭、慶勝、慶永に不時登城の罰として謹慎が言い渡されました。さらに慶勝と慶永には藩主の地位を奪われ隠居させられ、慶篤、慶喜は登城禁止の処分となりました。こうして、政敵である一橋派中心人物を一掃しようという井伊大老の先制攻撃は成功しました。翌7月6日13代将軍家定が死去し慶福が家茂と改名し、14代将軍となったのです。

　井伊大老の弾圧に抗し、京都では梁川星巌、梅田雲浜、頼三樹三郎を中心に尊攘派志士達が朝廷工作で形勢逆転を計り8月7日遂に幕府と水戸藩に対して勅状諚（戊午の密勅）が下されました。その内容は条約無断調印と水戸・尾張両家の処罰を責め、大老・老中・御三家以下の諸大名と群議して、内をととのえ、外夷の侮りを防ぐようにというものでしたが幕府は一層態度を硬化させる結果となり、弾圧を一層強めました。志士の逮捕の第1号は9月7日の梅田雲浜でした。その後、志士達は次々に京都を脱出しましたが、幕吏の追及はきびしく9月18日鵜飼吉左衛門父子、9月22日鷹司家家臣小林良典10月に橋本左内、11月に頼三樹三郎が逮捕されました。清

水寺成就院住職の僧月照は朝廷工作していた西郷隆盛に助けられ、薩摩にかくまわれますが、薩摩藩の態度は冷たく、11 月 15 日錦江湾に浮かぶ船から、西郷と月照は投身自殺を計り、月照は死亡し西郷だけが生きのびたのです。吉田松陰も捕われました。

大名の処分は先の 5 名に加えて、山内容堂に隠居謹慎が言い渡され、ほかに幕臣の川路聖謨、大久保一翁は免職となりました。逮捕者の処罰も予想をはるかに越える過酷なもので、処分者は公家の家臣や諸藩士の浪人など百名以上となりました。

飛ぶ鳥を落とす勢いの井伊大老が幕府の独裁権力を誇示するために行った空前絶後の政治テロの決行でした。

井伊大老の政治にはふたつの異なる評価があります。ひとつには幕末期の対外的な国難から日本を果断な判断で救った。そしてもうひとつに独断で天皇の意志を無視して違勅調印を行った国賊であるという評価です。この評価の違いは時代と共に変化し、その時々の政治イデオロギーに翻弄されてきた側面を持っているものだと思われます。井伊はリーダーシップ型の政治家であり想定外の独断専行政治を行う可能性の高い政治家と思われます。

逮捕され厳しい処分を受けた人達は、橋本左内（死罪）吉田松陰（死罪）頼三樹三郎（死罪）等尊攘派の人々が多く、合計 8 名の死刑者となりました。

やがて始まる幕末・維新の激動の中で吉田松陰の松下村塾から多くの志士達が松陰の残した種を育てしだいに開花させて行くことになりました。

「日米修好通商条約」の調印を勅許なしに行ったこと自体は法に従えば何の違法性もありません。それどころか、禁中並公家諸法度では幕府政治に朝廷が口を出すことを禁じています。この法度は幕府

の大法であり、もちろん安政年間の当時にも生きています。ペリー来航以来の非常時意識と尊王攘夷思想によって生み出された超法規的な気分と勢いの政治に幕藩体制が巻き込まれたからに過ぎません。

　勅許を得なければばらない根拠はどこにもありません。井伊大老の政治とは、気分と勢いから脱却し、幕府の筋を改めて通すため、朝廷や水戸家等との合意形成の手続きを合法的に無視する政治であったといえますが、当時の欧米列強に圧力をかけられ鎖国から開国へと幕府の方針を変更せざるを得ない、政治状況では政治テロ的暴挙と言わざるをえない行為でもあったのです。


## ❏ 遣米使節団と咸臨丸のアメリカ渡航

　1860年1月江戸幕府は、1856年6月に結んだ日米修好通商条約の第14条の規定によりアメリカのワシントンで批准書の交換を行うため代表団を送りました。正使は外国奉行の新見豊前守政興、以下総勢77人でした。1860年と言えば時の大老井伊直弼が桜田門外で暗殺された年（3月）でもありました。

　使節一行はアメリカ軍艦ポーハタン号（2,450トン）に乗りサンフランシスコに向かいました。途中ハワイに立ち寄り、使節一行はカメハメハ国王と王妃に謁見しました。アメリカの軍艦に乗り込んだ遣米使節とは別に、もう一隻日本の軍艦を派遣して護衛と航海術の実地訓練をさせることとなり、幕府の注文によりオランダで建造された木造蒸気船咸臨丸（300トン）が渡航することとなりました。提督には軍艦奉行木村喜毅、艦長には軍艦所教授方頭取、勝海舟が任命されました。乗組員96名、通訳方中浜万次郎、木村の従者とし

て福沢諭吉が同乗しました。水夫は瀬戸内海塩飽諸島出身の50名でしたが、航海に馴れたアメリカ人を連れて行きたいという木村の希望もありブルック大尉以下10名ほどのアメリカ水夫が乗船することとなりました。

　咸臨丸は遣米大使より3日早く出航しましたが、出航直後から連日荒天に揉まれ日本人のほとんどが船酔しました。この時、活躍したのはブルック大尉とアメリカ水夫で、彼等の活躍でかろうじて太平洋横断に成功したのです。

　浦賀出航から38日目咸臨丸はメインマストに日の丸の旗、後部マストに木村摂津守の家紋旗をなびかせサンフランシスコに到着しました。10日余り過ぎ、後発のポーハタン号が到着、大歓迎を受けた後、サンフランシスコを出港してパナマ経由でワシントンに向かいました。

　一方咸臨丸はドックで修理を受け1か月後やっと帰途につくことが出来ました。あとは日本人ばかりでどうにかハワイを捜し出して3〜4日逗留した後5月5日無事浦賀へ帰港しました。この時中浜万次郎と福沢諭吉がサンフランシスコで1冊ずつ購入したウェブスターの辞書がのちの日本の英学の発展に大きな役割を果たすこととなりました。

　日本の代表団一行はパナマから大西洋を北上し、ポトマック河畔のワシントンへ到着しました。ホワイトハウスでアメリカ大統領ブカナンに謁見、将軍の親書を手渡しました。その後、国務長官と条約批准書の交換を済ませ、ワシントン周辺を10日間ほど見学しました。その後、フィラデルフィア、ニューヨークで大歓迎を受けアメリカ軍艦ナイヤガラ号でニューヨーク港を出港、大西洋を横断し喜望峰をまわってインド洋を渡り、ジャワ、香港を経由し9月27日、

9か月振りで地球を1周して帰国したのです。


## ❏ 桜田門外の変

　万延元年（1860）3月3日午前大老井伊直弼は江戸城桜田門外で水戸浪士17名薩摩藩士1名により暗殺されました。当日、3月にしてはめずらしい大雪であり、総勢約60名の行列でした。一行が桜田門外にさしかかった時、1人の浪士が訴状を持って直訴でもするように駆けより供侍に切りつけ、この騒ぎで供侍が先頭へ向かった瞬間一発の銃声とともに浪士たちが左右から井伊の駕籠に殺到しました。雪のため供回の従士は両合羽に、刀に柄袋をつけた出で立ちのため応戦に立ち遅れてしまい駕籠かきが逃げ去って地上に置かれたままの駕籠に向かって浪士たちは何度も自刃を突き刺しました。駕籠から引きずり出された井伊大老は薩摩藩士有村次左衛門により一刀のもとに井伊大老の首を斬り捨て首級を持って立ち去ろうとしましたが、途中重傷のため、耐えかね自害しました。短時間の戦闘でしたが、彦根藩士は死者8名、負傷者十余名をだしました。襲撃した浪士側の死者は5名、4名は老中脇坂邸に5名は肥後藩邸に自首、残り5名は逃走しました。

　井伊直弼享年46歳。大老就任後、わずか2年たらずで凶刃に倒れたのです。

　尊王攘夷の思想を掲げる水戸藩と将軍の国を当然とする大老井伊直弼の思想は全く異なりお互いに相入れないまま厳しい対立構造となり、安政の大獄で応えた幕府最高権力者の死によって、歴史は幕末維新の激動へと急速に転回して行くことになったのです。

## ❏ 和宮降嫁と坂下門外の変

　1860 年幕府は朝廷に対して皇女和宮の降嫁を願い出ました。吹き荒れる尊皇攘夷の嵐を排除するため孝明天皇の妹和宮を将軍家茂との結婚すなわち公武合体によって幕府の政治力を強化し、難局を乗り切ろうという強引な策でした。紆余曲折はありましたが、1860 年 7 月幕府は和宮の降嫁が実現すれば、7 ～ 10 年内に条約破棄か攘夷を実行することを約束し、これを受けて孝明天皇は和宮降嫁を決意しました。

　1861 年 10 月和宮の行列は京都を出発し、江戸へ向かいました。行列の長さは延々 50km におよび、ひとつの宿を通過するのに 4 日間もかかったと言われています。こうして公武合体のひとつが実現しましたが、政略結婚の仕掛人である老中安藤信正の暗殺事件が起こりました。1862 年正月 15 日、登城日安藤老中は江戸城外で襲撃を受け、その手口は桜田門外の変と同じ展開でしたが、襲撃側がわずか 6 名では、たちうち出来ず討死する羽目となりました。安藤は背中に 3 か所の傷を負いましたが、坂下門内に逃げ込んだため、無事でした。しかし事件で面目を失墜したため、4 月に老中を罷免されました。

## ❏ 対馬事件（1861 年 1 月）

　1861 年 1 月 4 日、ロシア軍艦ポサドニック号が対馬の芋崎浦に進入占拠し、勝手に兵舎を建設して永住施設を整えました。かねてから英仏が協同して対馬を武力で占領するとの噂が流れ、ロシアが先

手を打って占領したのです。その当時アメリカでは南北戦争が始まり、国際政治の舞台から脱落していた時期でした。

　対馬事件の対応に苦慮した、時の幕府老中、安藤信正は、やむなくアメリカのかわりにイギリスを頼りイギリス公使オールコックにロシア軍艦の退去交渉を依頼しました。イギリスとしてもロシアの進出はイギリスが制限されることとなるため、幕府の要望を入れました。事件が発生した年の7月イギリス東洋艦隊司令官ホープが軍艦2隻を率いて対馬へ赴き軍艦ポサドニックの艦長ピリレフに強硬な抗議をし、1861年9月19日ロシア軍艦ポサドニックは対馬から退去して事件は一応の解決をみたのです。

　オールコックは幕府の目をイギリスに向けさせるために、アメリカが幕府に強要した通商条約の内容を緩和してイギリスの度量を見せ、幕府に恩を売って、対日外交の主導権をアメリカから奪還しようとしました。この時和宮降嫁の条件として朝廷に「戦争による攘夷の断行」を誓約した幕府にとって、通商条約の条件緩和という外交的成果を実現すれば、兵庫開港に絶対反対の朝廷に対して顔が立つことになります。この時を境として対日外交の主導権はハリスのアメリカからオールコックのイギリス外交官の手に移ったのです。オールコックは幕府遣欧使節団を受入れました。幕府遣欧使節団は正使、勘定奉行兼外国奉行竹内保徳以下、福沢諭吉、福地源一郎ら36名でした。

　1862年1月長崎からスエズ、パリを経由してロンドンに入り、1862年6月6日、イギリス外相ラッセルとの間で、ロンドン覚書に調印し、兵庫開港と大阪開市を5年間延長させることに成功しました。

　イギリス外相ラッセルはこの召意文をフランス・オランダ・ロシア・

プロシア・ポルトガルへ送り、各国はラッセル外相の通告を受容しました。


## ❏ 天誅の猛威

　通商条約調印に激怒した孝明天皇が幕府に対して協力的な九条尚忠を疎んじて遠ざけると、京都では尊皇攘夷派が急速に強くなり、九条尚忠は 1862 年 6 月関白を辞職。同年 8 月に落飾、謹慎の身となり 9 月に出家して閉居する羽目に陥入りました。そこにつけ込んだのが尊皇攘夷派の過激派でした。九条尚忠の家令島田左近が 7 月に暗殺されました。また、和宮降嫁を推進した公卿たちも攘夷派から脅迫され、岩倉具視、千種有文、富小路敬直、久我建道及び女官今城重子、堀河紀子は急進的な朝臣らから四奸二嬪と弾劾され 8 月には官を辞して京都郊外に去りました。岩倉具視は洛北の岩倉村に身を潜めました。これを契機に京都地方の両替商や富豪が脅迫されたり、富家に押し入る強盗までが勤皇を唱える始末となりました。

　京都の治安を守るのは京都所司代の役目ですが、時の京都所司代の酒井忠義（小浜藩 10 万石）では管理不能となり、むしろ酒井忠義自身が薩摩の有馬新七や真木和泉から生命を狙われる有り様でした。そこで京都の治安を回復するため、京都所司代の上に京都守護職を置くこととなり、名君の誉れ高い会津藩（23 万石）の藩主松平容保が就任しました。

　前述のとおり水戸藩では徳川斉昭や会沢正志斉が尊王攘夷を唱えたところ尊皇攘夷という思想が暴発し、制御不能に陥り、徳川斉昭はその精神的苦痛から心臓発作で死去したといわれました。

薩摩藩では膨大な財力と強力な兵力は大久保利通に丸ごと奪われ、土佐藩では保守派と急進派が血で血を洗う抗争を繰り広げ公武合体派の参政吉田東洋が1862年4月に武市半平太率いる土佐勤皇党に暗殺されました。長州藩では航海遠略策による公武合体論で一世を風靡した長井雅楽が吉田松陰の一番弟子である久坂玄瑞から航海遠略説は公武合体を名目とし外夷との交易を許す勅状を下させようとするものとして非難され失脚し翌年2月に切腹しました。7月には長州藩の藩是は「公武合体開国容認」から「条約破棄、攘夷断行」へ転換し、保守派と急進派の対立は、のちに長州藩内の内戦に発展しました。

　1862年8月京都守護職に就任した松平容保は公武合体と開国外交に挺身し、敢えて火中の栗を拾う決心をしたのでした。1862年9月23日土佐勤皇党武市半平太が指揮する土佐藩士12名、長州藩から久坂玄瑞が指揮する10名さらに薩摩藩士も加わった25人の合同暗殺団が京都町奉行与力渡辺金三郎、上田助之丞、森孫六、大河原十蔵の4名を斬殺し首級を粟田口の刑場にさらしたのでした。

　文久2年（1862）12月14日京都守護職を拝命した松平容保が会津藩兵1,000人を率いて、京都に入りましたが、それ以降も天誅は一向におさまりませんでした。1863年1月22日幕府の意向を受けて朝廷の工作を行っていた儒学者池田大学が大阪で暗殺され両耳が議奏の正親町三条実愛と中山忠能邸に投げ込まれ、耳に添えてあった脅迫状を見て恐怖しました。そこには「お前達が3日以内に議奏を辞めなければ、この耳のようにする」と書かれており、この両人は直ちに議奏を辞任し、隠居してしまったのです。さらに6日後の1月28日には公卿千種家の家臣、賀川肇が斬殺されその首は将軍後見職一橋慶喜の宿舎の東本願寺の門前に置かれました。幕府のトッ

プまでが脅迫の対象となり京都はまさに無政府状態となったのです。

1862年11月27日江戸へ入った勅使三条実美が『攘夷督促の勅命』を伝えました。既に開国され諸外国の貿易が始まっており、攘夷はとても無理な状態であり幕府は苦し紛れに玉虫色の妥協を行い、朝廷に攘夷の具体策を説明するため将軍家茂が上洛するとして時間を稼いだのです。

1863年2月13日将軍家茂が朝廷に攘夷の委細を上奏するため江戸を出発しました。将軍家茂入京の翌日3月5日将軍後見職・一橋慶喜が将軍徳川家茂の名代として宮中に参内。3月7日将軍家茂が宮中に参内いたしました。

このさなか薩摩藩の島津久光が入京し公武合体の立場から朝廷に対し、

①無茶な攘夷は避けなければならない。

②浪士や激徒の暴論を採用しない。

③天誅などの暴行を放任しない。

④激徒の説を取り入れる公卿を免職する。

などの意見を述べました。しかし具体的にこれらを実現する方策はなかったのです。

朝廷は攘夷派の少壮公家に朝廷の大部分の実権を握られ、彼等が朝議を牛耳るようになりました。公武合体は実現しないとみた島津久光は国元へ帰り、また、政事総裁職の松平春嶽（慶永）も職を辞し国元の福井へ帰りました。さらに公武合体派の山内容堂（土佐藩主）も国元へ帰りました。

あくまでも攘夷決行を回避する幕府に対し、朝廷が「攘夷開始の期日を確答するよう」強く迫ったため将軍家茂は1か月後の1863年5月10日を攘夷開始の日とすると解答しました。しかし、これを

布告するときに「外国が襲来したときのみこれを打払え」とし日本側からの攻撃を開始せず専守防衛に限るよう厳命しました。

　しかし日本側から攻撃を仕掛けないと布告したにもかかわらず5月10日深夜久坂玄瑞ら長州藩攘夷派が関門海峡で碇泊中のアメリカ商船ベムグローブ号を砲撃、5月23日関門海峡へ入ったフランス通報船キンシャン号を砲撃、5月26日オランダ軍艦メデュサ号を砲撃し、死者5名、重傷者5名を出しました。日本とは200年以上の友好関係にある我国が攻撃されることはよもやあるまいとオランダ国旗を高く掲げて、英、米、仏との国籍の違いを表明していたにもかかわらずの攻撃でした。

　米、仏両国は直ちに長州藩へ報復を行い、6月1日アメリカ軍艦が下関沖へ侵入、長州藩亀山砲台を砲撃大破させ、更に、庚行丸、壬成丸を大破。発亥丸を中破させました。6月5日フランス軍艦2隻が下関海峡に入り、前田砲台・壇ノ浦砲台を大破させ、陸戦隊250人が上陸し、備砲を破壊、弾薬を海中に投棄しました。


## ❏　8・18事変

　1863年6月8日攘夷派の思想的リーダー真木和泉が入京し、在京長州藩士や攘夷急進派らに攘夷親征論を説きました。攘夷戦争に消極的な徳川幕府から軍事権・徴税権を奪い、倒幕を実現しようというものでした。将軍家茂は京都の倒幕説に閉口し6月9日海路江戸へ帰りました。7月には長州藩の主導のもとに攘夷親征論が活発になりました。

　そして、再びテロの嵐が吹き荒れ、公武合体派の公卿家が狙われ

ました。7月19日公卿徳大寺公純の家臣、滋賀右馬允が襲われ重傷、同日右大臣二条斉敬の家臣、北小路治部少輔が襲われました。7月20日には公武合体派の重鎮松平春嶽の宿舎に予定されていた高台寺が焼かれ、春嶽に宿坊を貸そうとした本願寺の松井中務が斬殺されました。8月13日には攘夷御祈願のため大和行幸が予定されましたが、孝明天皇の意向が示されたことで状勢は一変しました。孝明天皇は強硬な攘夷論者でしたが、あくまでも公武合体を支持し、現実の政治は幕府に任せる考えでした。また、倒幕など全く考えていませんでした。攘夷親征論に対しては「深く時期を考えてみると、一橋慶喜や松平容保らの奏上するように、まだ武備が充実していないのに、外国と開戦するのは時期尚早である。ゆえに朕の大和行幸は延期する」との意見でした。孝明天皇は一橋慶喜や松平容保を信頼していたのです。

　文久3年（1863）8月18日に朝議が行われました。

①. 攘夷親征のための大和行幸の延期

②攘夷派公家の参内禁止

③国事参政・国事寄人の廃止

④長州藩の堺町御門警備の解任

以上が主要な決定事項でした。また、中川宮は「議奏並びに国事係の輩が長州の容易ならざる企てに同意し聖上へ迫り奉り候は不忠の至りにつき三条実美等を追って取り調べる」と勅を述べました。

　翌8月19日攘夷派の7人の公家が長州藩と共に長州へ下りました。孝明天皇は三条実美らが自らの野望を遂げるため、天皇の権威を利用していることに激怒され、三条実美を国を滅ぼす「国賊」であると断罪したのです。

## ❏ 水戸天狗党の乱

　1864年3月27日再び尊皇攘夷運動が活発になり、水戸藩では藤田小四郎が尊皇攘夷の大義を唱え「尊皇攘夷の志を天下に具現する」と62人の同志と筑波山で挙兵しました。浪士や農民が次々と参集、1,500人余に膨れ上がり、各地で金品徴発、放火、殺人に及び、水戸天狗党の目的は桜田門外の変の、のちも水戸に留め置かれた「戊午の密勅」の趣意を日本全国に流布伝達することでした。天狗党は京都を目指して中山道を西へ進み美濃へ入りましたが幕府軍に阻まれ11月29日禁裏守衛総督、一橋慶喜率いた幕軍の前に12月11日加賀藩を通じ、降服し、武田耕雲斎、藤田小四郎ら352名が斬首され乱は治まりました。

### 禁門の変

　1864年、8・18事件で京都から追放された攘夷派浪士らは再び京都に潜入を開始しました。5月になると多数の長州人が京都へ潜入して他藩の同志と画策している動きが明らかとなりました。そこで京都守護職は配下の新撰組に市内の厳重警戒を命じ、6月5日新撰組がかねてから目星をつけていた枡屋喜右衛門（実名・古髙俊太郎）方へ踏み込み大量の武具機密書類が押収され、古髙は執拗な拷問に耐えかね自白。その内容は6月26日前後の強風の夜、御所に放火し、混乱に乗じて御所へ急行する京都守護職松平容保を殺害し、中川宮を幽閉する。同時に長州藩本隊を京へ引き入れ、孝明天皇の身柄を長州へ移して、攘夷を断行するとの供述でした。新撰組局長近藤勇らの必死の探索の結果、三条大橋詰の旅館・池田屋の集会をつきとめ、池田屋へ斬り込み長州藩士吉田稔麿、土佐藩士北添佶磨、肥後

藩士宮部鼎蔵、長州藩士杉山松助、肥後藩士松田重助等 11 人が斬死、
20 余人が捕えられ、攘夷クーデター一派の京都支部は潰滅しました。

　7 月 18 日長州藩は約 3,000 名の兵を京都へ進発させました。伏見
から 700 名、嵯峨天竜寺から 1,000 余名、山崎口天王山から 900 名
の軍を京都へ進めました。特に蛤御門を攻めた長州軍は善戦しまし
たが、西郷隆盛の薩摩軍の援軍により敗退し、久坂玄瑞、入江九一
等が戦死、真木和泉は天王山で自刃しました。

　大老井伊直弼による違勅調印の通商条約は、朝廷や御三家、有力
藩の同意を得られず国際条約に必要な批准がなされていませんでし
た。違勅条約は通商条約上決定的な法的欠陥がありました。批准さ
れない国際条約は国内に激しい混乱を起しました。攘夷派はその矛
先を無防備な来日外国人に向け、外国商人、駐日外交官への異人斬
りが頻発しました。また、外国との通商が始まると生糸や茶が輸出
され諸物価が上り、江戸時代に入り所得を低く抑えられた皇室（3 万
石）、近衛家（2800 石）、鷹司家（1500 石）であり昇殿を許された
公家といっても 100 石程度の者が多かったのです。そのように生活
を圧迫された公家達は多くが攘夷派に心を寄せたものが多かったの
です。このように攘夷派志士が花街でも人気がありかくまったりし
て新撰組の警察活動は一段と困難になりました。この究極の解決策
は当然、条約勅許を得ることでした。


## ❑ 生麦事件

　1862 年 8 月 2 日江戸から、島津久光（薩摩藩国主）は帰国の途に
つき川崎を過ぎ生麦村に差しかかった時事件は起きました。上海か

ら横浜に来ていたイギリス商人リチャードソン、香港からきたボロ
ディール夫人等乗馬していた4人の英国人が島津久光の駕籠の傍ま
で進み供侍に斬殺され、その他2名が負傷したのです。いわゆる無
礼打ちにしたのです。英国側から見れば受難した場所は条約の行動
範囲内であり通行に問題はないと考えていたと思われます。しかし
大名行列をやり過す作法は全く知らなかったために起きた事件でし
た。事件についての賠償交渉はイギリス公使代理のニールと幕府の
間で行われ、強硬な抗議が繰り返され、白昼、許可された地域内で
無抵抗のイギリス人が殺害されるのを放任し犯人逮捕にも努力しな
かったと非難し10万ポンドの賠償金を要求しました。幕府は苦慮し
ましたが、結局は要求をのむ以外の方策はありませんでした。これ
で生麦事件に関するイギリスと幕府との交渉は決着しましたが、薩
摩藩との交渉はこれから始まることになりました。

### 薩英戦争

　1863年6月27日キューバー提督ひきいるイギリス艦隊7隻が鹿
児島湾内に入ってきました。生麦事件の賠償交渉が目的でした。イ
ギリスの要求に対する薩摩側の回答は殺害者はまだ逮捕されておら
ず、賠償問題は殺害者の逮捕・処刑されて後に討議されるべきと主
張し、決裂必至となりました。7月2日イギリス側は攻撃を始める
前にもう一度薩摩側の譲歩を引き出そうとして、薩摩藩が外国から
購入した汽船3隻を拿捕しました。この時逃げずに船内に残ってい
た五代友厚・寺島宗則が捕虜となっています。薩摩藩はこれをイギ
リスの宣戦布告とみなし、開戦を決定し、同日、薩摩藩の10か所の
砲台から83門の大砲がイギリス艦隊を砲撃しました。パーシュート
号では艦長・副官が被弾戦死し、イギリス艦隊は一時大混乱になり

ました。しかし同日午後3時頃から形勢は逆転し、アームストロング砲が史上初めて使用されその威力を見せつけました。また、パーシュート号が放ったロケット弾により鹿児島市内で大火災が発生、翌日も砲戦が交わされ、結局薩摩藩はイギリスと講和することとなり賠償金2万5,000ポンドを幕府から借金し、支払いました。その後、その借金は全額踏み倒したのです。また、薩摩藩は欧米列強の武力には及ばないことを思い知らされたのです。


## ❏ 4国艦隊下関砲撃事件

　1863年5月、長州藩急進派は下関海峡を通過するアメリカ商船、フランス軍艦、オランダ軍艦を砲撃しました。1864年7月27〜28日にイギリス公使オールコック主導により、アメリカ、イギリス、フランス、オランダの4国連合艦隊17隻は下関へ向けて横浜を出航しました。長州藩は7月19日の蛤御門の戦いに敗れ朝敵となり長州藩追討令が7月23日付で禁裏守官総督徳川慶喜に出されたばかりでした。8月5日4国連合艦隊は、下関海峡到着後直ちに攻撃に移りました。長州藩の砲台は大半が破砕され、翌6日イギリス軍2,000名、フランス軍350名、オランダ軍200名、アメリカ軍50名が上陸し前田砲台、壇ノ浦砲台を占領し、兵舎を焼き民家も焼き尽くしました。長州藩はなすすべなく降伏しました。
　イギリスは講和条件として長州藩に次の5項目を提示しました。
　①外国船の下関海峡通過の安全確保
　②石炭・食料・水等の売り渡し
　③台場の新設の禁止

④下関海峡での風波にあった外国船の上陸許可

⑤賠償金 300 万ドルの支払い

1 項から 4 項までの問題はなかったのですが紛糾したのは 5 項の賠償金問題でした。賠償金 300 万ドルは法外な額でした。講和交渉に臨んだ長州藩偽家老高杉晋作は長州藩の行動は朝廷と幕府の命令を実行しただけで、長州藩にその責任はないと返答しました。するとオールコックとフーバーは賠償金は幕府に請求すると言い、長州藩は自らの戦争責任を幕府に責任転嫁することに成功したのです。

## 第 1 次長州征伐

攘夷急進派による、蛤御門の変以後、長州藩内では保守門閥派の椋梨藤太が幕府への恭順を示し、長州藩一門の岩国領主吉川経幹の支持を得て、藩の要職は保守門閥派によって占められました。長州藩内の力関係は大きく変化し攘夷急進派は弾圧され奇兵隊等の諸隊は 10 月 21 日付で解散させられました。

西郷隆盛は、総攻撃予定日前に、岩国領主、吉川経幹と講和条件をまとめあげました。その講和条件とは①蛤御門の責任者である 3 人の家老の切腹　②三条実美ら 5 卿の萩への移転　③山口城の破却などでした。その首級が広島の征長軍に届けられると、総督府は諸藩に総攻撃を延期する通達を出しました。この時、征長総督徳川慶勝は広島に到着していなかったのですが、征長参謀西郷隆盛は独断で講和してしまったのです。この夜広島本営に到着した徳川慶勝は特に成すべきこともなく 12 月 27 日、第 1 次征長軍の解散・撤兵を発し、第 1 次長州征伐は始まることなく終わったのです。この処置には幕府内で強い不満の声が上がりました。以後、徳川慶喜が西郷隆盛に対して、強い不信感を持つようになりました。

通商条約勅許の件は大阪城内幕議で、将軍家茂の面前で無勅許の兵庫開港を主張する阿部正外と、勅許取得を主張する一橋慶喜の間で互いに譲らぬ激論となり最終的裁可を下すべき将軍家茂が、裁可を出せなくて落涙するのみとなった時、兵庫沖の外国艦隊に赴いて、10日間の猶予を得る交渉に成功しました。10月4日から5日にかけて朝議は一昼夜続きましたが、一橋慶喜の熱弁により、公卿家も抵抗をやめ、孝明天皇も戦争を避けるためには、致し方ないと決断し勅書を出されました。孝明天皇が通商条約の勅許を下した後は、長州藩・薩摩藩・土佐藩などの攘夷テロリストによる異人斬り、外国公使館の襲撃、外国船砲撃等はピタリと止んだのです。

　勅許を得た通商条約は、明治の条約改正を経て、昭和14年にアメリカが一方的に破棄通告するまで、わが国の発展を支えたのです。

## 第2次長州戦争

　長州藩は上海ルートで多量の武器を密輸入により準備していました。この密貿易は莫大な利益を伴うもので外国商人は危険をおかして下関へ集まったのです。これら武器商人のうちで代表的な商人が、トマス・グラバーでした。1865年4月9日アメリカの南北戦争が南軍の降伏により終わり、アメリカで余剰となった最新兵器が上海に大量に出回りました。南北戦争は両軍合わせて420万人が動員され戦死者62万人という大戦争でした。

　再び、幕府と長州藩の間で、一触即発の危機感が高まり、第2次長州征伐の機運が高まりました。そのため、イギリス、アメリカ、フランス、オランダの4国外交官が1865年5月、4国共同覚書を作成しました。

　①厳正中立　②絶対不干渉　③密貿易禁止を取り決め、日本に対

する内政不干渉を申し合わせました。この目的は開国を堅持する幕府に対す長州藩をイギリスが支援しないようフランス、アメリカ、オランダが牽制したものでした。それに対して、木戸孝允がグラバーに相談した結果、上海へ１〜２名で密航し船を買い、武器を買い入れることが出来るという、いわゆる、出貿易の手段を使えばどのような世話もすると確約したのです。グラバーは通商条約も４国共同声明も無視し反政府勢力である長州藩への武器供給を継続したのでした。その後イギリスと武器取引のあった薩摩藩が一枚噛むこととなり、長州藩の武器輸入は「薩摩藩の名儀」で行われることとなり４国共同覚書によって禁止された長州藩の武器輸入は法の網の目をかいくぐることが可能になりました。

　紅毛碧眼の死の商人グラバーでは日本中を自由に歩き回り商売することは出来ません。そこで幕府探索方の眼をくらませ危ない仕事だが、海上輸送やブローカー業務が出来る日本人が必要でした。そこに現れたのが、土佐脱藩郷士の坂本龍馬でした。坂本龍馬は28歳で土佐藩を脱藩し江戸で幕府軍艦奉行並勝海舟のもとへ入門し、勝の伝手で幕府の大久保一翁や、越前の松平春嶽との面識を得ていました。1863年勝海舟の提案で神戸海軍操練所を開設すると、坂本龍馬はその塾頭となりましたが、神戸海軍操練所は土佐勤皇党の攘夷派や親長州、反幕派の根城となり、勝海舟は軍艦奉行を罷免となり、休職、謹慎処分となり、神戸海軍操練所は閉鎖されました。

　その後、坂本龍馬は1865年5月に長崎で「亀山社中」という商社をつくり、長州藩との密貿易を薩摩藩を介して行なうようになりました。龍馬は幕府に敵対している長州藩に対して、勝海舟、大久保一翁、松平春嶽ら幕府要人から聞き込んだ幕府の機密情報や詳しい京都情報を提供しました。

こうして長州藩の信頼を勝ちとり苦境にある長州藩に手を差しのべた商取引により、長州藩の薩摩に対する怨恨を和らげ、薩長は次第に協力関係を築いたのです。こうして、1865年1月21日、薩摩から勧誘を受けていた長州藩の木戸孝允が坂本龍馬と中岡慎太郎の強い説得を受けて同意し、薩長同盟という反幕軍事同盟が成立したのです。

　その軍事同盟を、内政干渉にもかかわらず、また、4国共同覚書を無視して、支援したのが、イギリス公使パークスであり、幕長戦争の最中に長州藩を軍事支援し、長州藩主導の明治維新成立に大きく寄与したのがイギリスであったのです。


## ❏ 徳川慶喜の活躍

　慶応2年（1866）7月20日、第2次長州征伐の石州口で浜田城が落城した日に大阪城在陣中の将軍家茂が脚気衝心で21歳の若さで死亡しました。この危機を乗り切るためには、将軍は慶喜以外にいません。8月8日徳川慶喜は長州を屈伏させるため幕府直轄軍1万人、大砲80門で芸州口に進軍しようとしました。丁度その時、緊急の伝令が「幕府小倉口守将小笠原長行は7月30日戦線離脱、8月1日小倉城落城」と注進しました。小倉口戦線が崩壊してしまったのです。幕府にとって戦況は絶望的となり徳川慶喜の出陣は断念するしかない状況となりました。慶喜は1865年12月5日に参内し正式に将軍職に就任しました。ところがその直後の12月25日孝明天皇が35歳の若さで急に崩御されました。慶喜は最大の理解者を失ったのです。

幕府の敗北後、フランスがイギリスの対抗策として親幕の姿勢を鮮明に打ち出しました。その当時フランスの対日貿易の主要商品は生糸でした。フランスが生糸を支配する徳川幕府を支援したのは自然の成り行きだったのです。

## 孝明天皇の急死

孝明天皇は慶応2年（1866）12月25日急死致しました。天皇の死因について表面上疱瘡で病死ということになっていますが、毒殺の疑いももたれていました。長い間維新史上の謎とされていました。

しかし近年、当時の天皇の主治医である伊良子光順の残した日記が一部公けにされ、光順の子孫である伊良子光孝氏によって孝明天皇の死は光順日記でみる限り、「急性毒物中毒の症状である」と断定されました。と佐々木克著の「戊辰戦争」（中公新書）に記載されました。しかしこの文献に対し、原口清氏から異論が出て、出血性痘瘡が死因であるとの示唆があり、佐々木氏もそれに同意されているということですが、当時の医学レベルでは死の原因は正確には不明だったのではないでしょうか。いずれにしても天皇の主治医が1人だけということはないでしょうから、主治医伊良子光順氏の孝明天皇死去に対する無念の思いが日記として残ったのではないでしょうか。

因みに天然痘（痘瘡）は、「WHO」により1980年5月に天然痘の世界根絶宣言を行いました。しかし、生物テロに使用される可能性のある病原体のトップに位置づけられており、わが国でもワクチンのための国家備蓄が行われています。

第2次長州征伐で敗戦した幕府はフランスの力を借りて軍制改革に着手しました。海軍力はかなり整備されていましたが、陸軍は関ヶ

原の戦い以来大きな整備はなく陸軍力の強化が急務でした。旗本数家または数十家分を組み合わせ、統一的な常備軍を編成しました。1867年フランス陸軍から18名の教官が来日し、横浜で歩兵、騎兵、砲兵の教育が開始され、同年末には、歩兵7連隊、騎兵1隊、砲兵4隊計一万数千人の近代的陸軍を整備したのです。

　当時イギリスは開港場以外の下関で幕府以外の者に対する無届け武器密輸を行っていたのですが幕府はイギリスの通商条約違反を強く非難出来ない事情がありました。それは兵庫開港問題でした。1858年井伊大老が調印した通商条約は「兵庫開港」を定め、その時期はロンドン覚書により1868年1月1日までと対外公約をしていたのです。1865年10月5日に徳川慶喜が朝廷から条約勅許を得た際、兵庫開港については認められないと釘を刺されていたのです。「兵庫開港という通商条約不履行」のままでは幕府としてもイギリスに対して、通商条約違反を強く非難出来ない状態でした。イギリス公使パークスもこの事情を十分理解しており、幕府に兵庫開港を強く要求しつつ、一方でイギリス商人らの下関密貿易という通商条約違反を黙認したのです。


## ❏ 大政奉還

　そこで徳川慶喜は万難を排して兵庫開港を断行し、この矛盾を一気に解決することを目ざしました。1867年5月23日慶喜は老中や所司代を従えて、御所に入り「長州藩には寛大な処置を行いたい。兵庫の開港は勅許されたい」と要請し、夜8時から始まった会議は翌朝まで続いたが結論は得られず、24日の総参内となった会議でも

兵庫開港に対し、公家たちの反対は根強く続きましたが慶喜は熱弁をふるい公家達を説き伏せました。まる一昼夜たった5月24日ついに慶喜は兵庫開港の勅許を得ました。また同時に長州藩への寛大な処分の勅許も得たのでした。

　こうして慶喜は井伊大老の通商条約調印以来のふたつの懸案事項であった「条約勅許を得て国内的合意を形成すること」と「兵庫開港を行い国際条約を果すこと」を実現させたのです。慶応3年（1867）10月12日徳川慶喜は老中以下在京の諸役人を二条城に集め大政奉還の決意を告げました。その後慶喜は西周に大政奉還後の新政治体制構想を起草させました。これがわが国で最初の憲法草案であろうと言われています。その骨子は

　①大君（慶喜）が最高指導者となり大阪設置の行政府を主宰する。
　②立法府、議政院を設置し、上下院政とする。上院は1万石以上の大名で構成する。下院は各藩主が1名選任する。
　③大君は国家指導者で行政権をもち、上院議長を兼任し、下院の解散権を持つ。
　④天皇は元号、度量衡の制度、叙爵権をもつ。

というものでした。この案では天皇の儀礼的行為を定めただけで、天皇の権限が何もないものでした。それに比べて、大君には強大な権力が付与され国主に全く発言させないなどという強力な指導者などいないという批判の声が上がりました。

　翌10月14日京都の二条城から、慶喜の旗本大名・大沢右京大夫基寿に命じ明治天皇に「大政奉還上表文」を提出させたのです。

　「外国との交際が盛んになっている今日では、従来の旧習を改め広く会議を尽くし聖断を仰いで周心協力すれば皇国の時運を保護できるだけでなく海外の万国と並び立つことが可能である」としました。

この大政奉還上表文が半年後の 1868 年 3 月に公布された「五箇条の御誓文」の原型となったことは間違いないでしょう。徳川慶喜が考えた「大政奉還」とはイギリス型の近代的政治体制だったと思われます。国王は「君臨すれど統治せず」の原則により政治責任は負わない。首相が政治上の指導者であり、上院・下院の二院制であると考えていたのでしょう。

### 「討幕の密勅」

　1867 年 10 月 14 日、朝廷から薩摩藩と長州藩に「討幕の密勅」が下りました。討幕の密勅は公卿正親町三条実愛邸で、薩摩藩の大久保利通と長州藩の広沢直民に授けられました。これは賊臣徳川慶喜を殺し尽くせ「これが朕の願いなり」と明記されていました。ところが、この討幕の密勅は偽物でした。討幕の密勅には肝心の摂政三条斉敬の名がなく、花押もありませんでした。勿論御名もなく後に正親町三条実愛は討幕の密勅は、薩摩には自分が長州には中御門が書き、摂政にも親王方にも漏らさず企だて、岩倉具視のほか誰も知る者はいないと言っています。

## ❏ 坂本龍馬の死（1835 ～ 1867）

　多くの歴史小説家により、余りにも有名となった坂本龍馬とはどのような人物だったのでしょうか。

　彼は土佐藩郷士の出身です。江戸で北辰一刀流の千葉習作の兄である千葉定吉に師事し、免許皆伝の剣士として知られていました。その後土佐に帰り、武市半平太の土佐勤皇党に参加しましたが、脱落。

脱藩し勝海舟の門下生として、神戸海軍操練所建設に尽力しました。勝とのつながりから、薩摩藩の援助を受けて、1865年長崎で貿易会社亀山社中（後の海援隊）を設立しました。その後薩摩藩の名儀で長崎で長州の新型武器の大量購入を仲介しました。この武器が第2次長州征伐で幕府の敗北につながったと思われます。

　脱藩後坂本龍馬はわずか5年の間に超人的な行動力をみせ、幕藩体制の屋台骨をゆさぶったのです。

　龍馬の功績は少なくとも3項目が上げられます。まず第1は薩長同盟です。この案は元々中岡慎太郎が尽力していたところに龍馬が協力して成立したのです。第2は大政奉還です。これも勝海舟と大久保一翁の発案の受け売りです。第3の「船中八策」も後藤象二郎に船上で議論して出来上がったとなっていますが、この原案は福井藩松平春嶽のところにいた熊本藩出身の横井小南の発案と思われます。

　では何故この三つの案を実行出来たのでしょうか。これこそ坂本龍馬の面目躍如たるところと思われます。彼は理解力にすぐれ、考え方が自由で、発想が豊かで、イデオロギーにとらわれず、強い説得力をもった人物と考えられます。その言動が歴史小説家や一般大衆から高い人気を得たのではないでしょうか。

　その彼も1867年11月15日京都旅館近江屋で京都見廻組頭佐々木三郎に率いられた隊士達が坂本龍馬、中岡慎太郎、下僕の藤吉を襲い龍馬は即死、藤吉は翌日、中岡は11月17日に死亡しました。

# ⌐ 大政奉還と王政復古

　1867 年 12 月 9 日慶喜の大政奉還に対抗して、朝廷から王政復古
の号令が発せられました。これを受けその日の夕刻、朝廷において
朝議が開かれ、出席者、明治天皇（15 歳）並びに公卿衆、大名とし
て尾張藩徳川慶勝、越前藩松平春嶽、土佐藩山内容堂、薩摩藩島津
忠義、安芸藩浅野茂勲、土佐藩後藤象二郎、薩摩藩士大久保利通、
安芸藩士辻将曹でした。

　開会の辞につづき慶喜に官位（内大臣）の返上と領地の返納を求
めるとの議論が出されました。まず山内容堂が徳川慶喜が召されて
いないのは公平な処置とは言えないと発言しました。これに対して
参与の大原重徳が「徳川慶喜が政権を奉還したとはいうものの、ま
ず忠誠の実証をみなければならない」と反論し、山内容堂がなお慶喜
の朝議の参加を主張し、会議は紛糾し岩倉具視も必死の反論をしま
した。当時孝明天皇を暗殺したのは岩倉具視ではないかと噂されて
いた事も影響したのでしょう。末席にいた大久保利通も口を開き「慶
喜に辞官・納地を命じ抵抗する気配あれば、その罪を鳴らして討伐
すべきである」と岩倉を支持しました。しかし越前の松平春嶽、尾
張藩の徳川慶勝、安芸藩の浅野茂勲が山内容堂の意見に参同し、議
論は深夜に及んで、形勢不利と見た倒幕派は一時休憩を求めました。

　この時警備にあたっていた西郷隆盛は山内容堂が会議再開後も慶
喜の出席を求めて、抗論するなら明治天皇の御前であっても刺殺す
べきだと示唆したのを、同じ土佐藩の後藤象二郎が知り山内容堂と
松平春嶽に伝え身の危険を感じ沈黙したのです。かくして朝議は徳
川慶喜に「辞官・納地」を命ずることを決定しました。

　その時慶喜は幕府陸軍 5,000 名、会津藩兵 2,000 名、桑名藩兵 1,000

名を中心に一万余の大軍とともに二条城にいました。一方、薩摩、長州、安芸の軍隊5,000名が京都に続々と入り、一触即発の情勢となり、偶発戦争を回避するため、慶喜は後事を山内容堂達に託して、12月12日京都の二条城から大阪城へ向かいました。慶喜は12月9日京都から江戸へ急報を発して幕府陸軍と幕府艦隊に来援を命じました。江戸には京都の緊迫した情勢が十分伝わらず、陸軍部隊の動員は手際よくいかなかったものの、開陽丸、富士山丸、幡龍丸などの幕府軍艦は12月下旬までに大阪湾に集結しました。12月16日、フランス、イギリス、アメリカ、イタリア、プロイセン、ロシア、オランダの6か国の公使に引見し、諸外国は日本の内政に干渉してはならないと、慶喜は外交責任者として外国との条約を守ると通告しました。

　ところが、この時、幕府はお膝元の江戸で、開戦の大義名分を失った西郷隆盛が仕掛けたテロ行為により治安が極度に悪化していました。10月14日の大政奉還により武力倒幕を目ざした西郷隆盛は、関東郷士の相良総三に江戸市中を撹乱し、幕府を挑発するよう指示しました。総勢500名からなる無頼の実行集団を使い毎夜のように豪商を中心に押し入り、金品を強奪し市民を理由なく殺害する状況となっていました。この無頼集団には三つの特徴がありました。第1は「御用金を申し付ける」と口上する。第2は言葉に薩摩訛りのある者がいる。第3に金品強奪後に逃げ込む先が三田の薩摩藩邸であることでした。

　12月22日夜、江戸城二の丸を放火。これまで隠忍自重して来た幕府もついに薩摩藩・江戸藩邸の焼き討ちを命じました。相良総三はこれで自分の任務が達せられたと喜び、京都でこの知らせを聞いた西郷隆盛はこれで開戦の口実が出来たと喜んだそうです。

## ❏ 鳥羽伏見の戦い

　12月28日は江戸の藩邸焼き討ち事件が大阪城内の幕府軍に伝えられ徳川慶喜も西郷隆盛の挑発に乗ってしまったのです。1月1日討薩表を記し、1月2日1万5,000人の幕府軍が京都に向けて大阪城から進発しました。鳥羽伏見の戦いの直前岩倉具視が西郷隆盛の側近中の側近である桐野利秋に「この戦いが終わったら、次は攘夷をせねばならないがその手配は出来ているのか」と問いました。桐野はえっという顔付きで「まだ攘夷ということを本気で考えているのか」と言ったのです。「攘夷など倒幕のための口実であり、むしろ世界各国と交通して西洋の長所を取り入れ、日本の短所を補い、ますます我が長所を発揮して帝国の威光を宣揚せねばならない。と桐野は言い放ったのです。

　1月3日の夜戦では幕府軍の敗北となり、1月4日激戦中に薩長陣営に岩倉具視等が作らせた、偽の錦旗が翻ったのです。1月5日は苦戦1月6日は味方の津藩の裏切りがあって、幕府軍の士気は崩壊。慶喜は自ら出陣して反攻に移ると宣言し、全軍に7日早朝の出撃を下令しました。現実には、1月6日夜進退に迷った徳川慶喜が、かねてから、勝海舟からその人となりを聞いていた、神保修理に意見を聞くと、錦旗を掲げた軍はたとえ何者であっても官軍であるという理由で慶喜には恭順を勧めたのです。その結果、実質的には降伏を助言したこととなったのです。ところが現実には慶喜は6日夜10時頃前言を翻し、松平容保、松平定敬らを伴って慌ただしく大阪城を退去し、大阪湾から軍艦開陽丸で江戸へ戻り、江戸へ着くなり主戦論者の勘定奉行小栗上野介、海軍総裁榎本武揚、歩行奉行大鳥圭介らの意見を退け、恭順に踏切ったのです。神保修理は官軍に通

じていたとの疑いをかけられ幕府軍の将兵から憤激をかい、切腹させられ 30 歳の生涯を閉じたのでした。

　1 月 11 日、品川に到着した徳川慶喜は罷免していた勝海舟を浜離宮に呼び出しました。そこには意気消沈した幕閣の面々が控えていました。老中から初めて鳥羽伏見の戦いの顛末を聞いた勝海舟は呆れ果て、なぜ大阪城に立て籠もって戦いを続けなかったのか、海軍も出撃出来るではないかと詰めよりましたが、慶喜の意志は明確で、朝敵の汚名だけは、歴史に残したくないという、強い意志だけでした。

　勝海舟は徳川慶喜の意向を尊重し、無用な戦争はしない。慶喜の命は守るの 2 点を軸に行動を開始しました。

　一方、鳥羽伏見の戦いで勝利した薩長側の今後の作戦では、長州の戦略家大村益次郎ら大方の見解は直ちの追討は時期尚早という意見でしたが、西郷隆盛は即座に追討を開始すべきと主張しました。西郷の主張に押し切られるように、新政府は、徳川慶喜追討令を発しました。2 月 15 日西郷隆盛がまとめた東征軍が編成され、京都から進発し、大総督は有栖川宮熾仁親王以下、東海道、中山道、北陸道の 3 ルートに分かれ総軍勢 5 万名の大軍勢で江戸に進撃しました。

　3 月 5 日に官軍の東征大総督が駿府に入ったという情報がもたらされ、慶喜は勝海舟を立て官軍との交渉にあたらせました。実際、最初の交渉の任は山岡鉄舟と益満休之助の 2 名となりました。3 月 9 日無事敵中突破して駿府に到着した 2 人は西郷隆盛に直接面会し「慶喜公は戦意はない。恭順の意を示しているので戦争は避けたい」旨を伝えました。3 月 12 日官軍が江戸池上本門寺に入った時、勝はすぐに西郷への面会を求めました。事前に勝は江戸に残って徹底抗戦を唱える新撰組等の強硬派を全部江戸から他の戦地へ出していました。

3月13日高輪の薩摩下屋敷で、3月14日芝田町薩摩藩蔵屋敷で、勝と西郷の歴史的な会談がなされました。江戸総攻撃は3月15日に決定されていましたので極めて緊迫した状況下の交渉でした。交渉の要件の第1は3月15日の江戸城総攻撃の中止でした。薩摩とイギリスは薩英戦争の後、良好な関係を築いていたのですが3月13日イギリス公使パークスが外人居留地を統括しているのは自分であるが、何の通告もなく勝手に戦争を始めることは、手続きを無視した「万国公報」違反であり、勝手に戦争する等は無政府としか言えないという厳しい抗議を受け、このことが西郷の会戦を思いとどまらせた原因の一つとも考えられます。

　3月20日、西郷・勝の会談の内容を中心に、最高幹部が京都二条城に集結し幕府側の嘆願書の内容を検討する緊急会議が開かれました。三条実美、岩倉具視、大久保利通、木戸孝允、広沢真臣、後藤象二郎、西郷隆盛の7人が降伏の条件を検討しました。とりわけ、徳川慶喜の処分が大激論となりましたが、その内で意外にも西郷隆盛が死一等を免ずると提案したことでした。続いて木戸孝允も賛成したため、幕府の願い通り死罪を免れ、謹慎処分となりました。

　3月22日京都を出発した西郷は3月25日駿府に戻り、大総督府会議で多少の変更はありましたが、徳川家の処分は決定されたのです。

　これまで、早くから勝海舟は開国派であったため、常時攘夷派から命を狙われ、彼自身が語ったところでは約20回ほど襲撃を受け、足に1か所、頭に1か所、脇腹に1か所の疵が残っているそうですが、徳川慶喜にとっては命の恩人とも言うべき人だったのです。こうして、この勝海舟と西郷隆盛の会談で、翌4月11日に一戦も交えず、一名の命も犠牲にせず、江戸城は無血開城となりました。

## ❏ 戊辰戦争

**上野戦争**

　鳥羽伏見の戦いから、「戊辰戦争」は始まりました。江戸城無血開城の後、旧幕臣は上野東叡山の実力者覚王院義観や輪王子宮を後ろ盾とし、戦闘部隊である彰義隊を結成し、上野の山を頼んで、籠城戦の準備をしました。官軍はこの戦闘に消極的な西郷隆盛に代わって、長州の大村益次郎が東征軍の全権を掌握することとなりました。大村は夜襲策を排して、朝命による討伐は白昼堂々と行うと決めました。総攻撃は5月15日大村の作戦計画のもとに開始されました。大村は三方から包囲し、東の三河口だけ逃げ口を開けていました。戦闘は東征軍のアームストロング砲を中心とした、圧倒的な戦闘力で彰義隊を圧倒し、大村の作戦通り1日で完勝しました。

## ❏ 奥羽・越列藩同盟

　新政府軍に江戸城を明け渡して、徳川慶喜が水戸に去りました。一方会津追討を命じられていた仙台藩は4月中旬頃から藩境で会津軍と対峙していました。しかし、仙台藩は会津藩に同情的であり、兵火を交えるのは本意でないとして、たびたび恭順を説きました。そして仙台藩と米沢藩の勧めに従い、松平容保は家老西郷頼母らに、嘆願書を作成させ、両藩を通じて総督府に届出ることに同意しました。4月4日仙台・米沢両藩の家老から奥羽諸藩に対し会津救済のための嘆願書の調印を求められました。翌4月22日、松平容保の降伏嘆願書、仙台・米沢両藩主の添書、奥羽諸藩の連名嘆願書の3通が、

奥羽鎮撫総督、九条道孝に提出されました。しかしこの嘆願書は参議世良修蔵の強い反対にあって却下されました。藩士の内に世良に恨みを持つ者が増え、世良が福島城下の金沢屋に投宿中仙台藩士に襲われ須川の河原で首をはねられました。この一件で情勢が一変したのでした。仙台、米沢両藩は会津追討拒否を総督府に伝え、撤兵を始めたのです。

　そして4月22日奥羽25藩の家老が白石に参集し、5月2日に同盟が結ばれました。さらに北越の6藩が加入して、合計31藩からなる「奥羽・越列藩同盟」が成立したのです。

　そして諸藩は、新政府に対する建白書に調印しました。この建白書には朝廷には忠誠を尽くすが薩長政府には協力しない。鎮武総督には従わないといった内容であり、いわば宣戦布告といったものでした。

　新政府は東征大総督に奥羽の征討令を発し、徹底した武力政策に転じたのです。大総督軍務局判事、大村益次郎により新たに部隊が3編成され、河口総督に鷲尾隆聚、越後口総督に西園寺公望、平潟口総督に四条隆平が任命されました。新政府軍は5月上旬白河城を奪取後、6月には棚倉城泉藩、湯長谷藩、平藩を落とし、秋田藩は列藩同盟を脱退、弘前藩、新庄藩もこれに続き、守山藩、三春藩も降伏、7月下旬に二本松城も落城、北陸戦線では、新潟・長岡が陥落しました。9月3日米沢藩も降伏、9月15日仙台藩が降伏し、9月22日凄惨な攻防戦の末会津藩が降伏、9月26日庄内藩が降伏、10月11日南部藩が降伏し、同盟諸藩はすべて降伏することとなりました。

## 奥羽・越列同盟最大の激戦

　既述のように奥羽・越列藩同盟の戦いは、一方的な官軍の勝利に終わりましたが、ただひとつ、特筆すべき激戦となった戦いがありました。それが越後長岡藩と官軍の戦いです。司馬遼太郎が戊辰戦争最後の激戦として「峠」という歴史小説として発表した作品の内容でもありました。

　その戦いの長岡藩の軍事総督が長岡藩家老の河井継之助でした。彼は本来家老になれない家柄に生まれながら、悪化した藩財政の再建の手腕を評価され長岡藩家老となっていました。官軍が長岡藩領に接近したため河井継之助は小千谷の慈眼寺で、官軍軍監岩村精一郎と会談し「必ず会津藩を説得して戦いやめさせるので、進軍を待って欲しい」と懇願しましたが会談は決裂し、会戦しかない状況となりました。

　河井継之助は青年時代から才能豊かだが、御し難い男とされ、自信の強い男でした。財政改革の師であり、継之助の唯一の心酔していた備中松山藩の山田方谷も「あれでは自爆する。豪らすぎる」と心配していました。山田方谷は江戸の佐藤一斉の塾では、佐久間象山と並ぶ英才であり、当時佐藤一斉塾の二傑と称されていました。

　長岡藩の軍備は2大隊300名の兵士に各自1挺ずつオランダ製ミニエー銃を持たせ、360発込めの速射砲（ガトリング砲）2門を持つ軍隊でした。会談決裂後、長岡藩は官軍に挑み、3か月半に及ぶ戦闘が開始されたのです。官軍2万名、幕府軍5,000名の戦いでした。その間に幕府側1,181名、官軍側1,048名の戦死者を出し、5月19日長岡城は落城しました。それでも、7月25日長岡藩は奇襲により、長岡城を奪回しました。この時西園寺公望は裸足で、山県有朋は寝間着姿でやっと逃げのびたのでした。

しかし、長岡軍も総大将の継之助が左脚に弾丸を受け、重傷を負いました。総大将を失った長岡城は7月29日再び落城しました。継之助は重症の部位の化膿巣が悪化したまま、会津に向かう途中、会津領内塩沢村で1868年8月16日この世を去ったのです。

　継之助亡き後、同行の家老山本帯刀が会津に敗走する長岡藩兵の指揮をとりましたが、9月8日会津領飯寺村で官軍に捕われ家老山本帯刀は斬首されました。河井継之助と山本帯刀の処分は両名死亡のため、家名断絶を申し付けられました。両家の家名再興が認められたのは1884年であり、山本帯刀には跡継がないため、長岡藩士高野貞吉の六男が養子に入りました。その養子が後の日本海軍連合艦隊司令長官として真珠湾攻撃を指揮した山本五十六でした。


## ❏ 箱館戦争

　1868年4月11日江戸無血開城が行われ、時代は大きく変りました。しかし、榎本武揚は軍艦の引き渡しを迫る新政府の要求を納得せず、8月30日開陽、回天、蟠竜、千代田、咸臨、長鯨、神速、美嘉保の8隻で品川沖を出港しました。

　出港の翌日鹿島灘にさしかかった時、天候が急変し、美嘉保と咸臨を失い、一時四散した艦隊は9月下旬、次々と仙台湾に集結しました。しかし9月15日仙台藩も降伏し、10月12日榎本艦隊は仙台湾を抜錨し、箱館に向いました。この時榎本軍に合流したのは、桑名藩主松平定敬、元老中板倉勝静元老中小笠原長行の大名をはじめ大鳥圭介、新撰組副長土方歳三、遊撃隊長人見勝太郎、衝鋒隊長古屋作左衛門、仙台藩額兵隊星恂太郎らでした。

10月20日榎本艦隊は箱館をさけて10里ほど北の鷲の木に上陸しました。榎本はまず蝦夷地に来た目的を五稜郭にいる箱館府知事清水谷公孝に伝えるため、人見勝太郎と本多幸七郎に兵30人をつけて、箱館に急がせました。その後、4,000人の部隊上陸を開始しました。大鳥圭介と土方歳三がそれぞれ別の部隊をひきいて箱館をめざしました。その後清水谷公孝は上陸軍を攻撃しましたが、榎本軍に圧倒され10月25日秋田藩の軍艦で青森に逃げ去りました。

　五稜郭へ入城した榎本軍は直ちに松前藩に使者を送りましたが、使者が斬られこれを契機に松前攻撃を断行。土方がひきいる700人の精鋭と海上から蟠竜と回天の援護射撃もあり、11月5日松前城は陥落。11月15日には江差も占領しました。上陸後わずか1か月で蝦夷地は榎本軍の手中に帰したのでした。

　しかし榎本軍はこの戦闘で重大な損失をこうむったのです。江差沖に停泊していた開陽が大しけで座礁大破沈没し、開陽救援のため急航した回天、神速の2艦のうち、神速も座礁し使用不能となり、榎本軍の海軍は大打撃を受けました。特に、その当時開陽は2,800トン400馬力備砲26門で日本一と言われた軍艦だったのです。

　明治元年（1868）2月27日、外国代表者会議が開かれ、局外中立撤廃が満場一致で決定したのです。イギリス、フランス、アメリカ、イタリア、オランダ、プロシアの6か国の公使が日本国内の戦争の終了と局外中立の撤廃となったため、攘夷政権は単なる反徒にすぎないとの確認となったのです。以後、新政府軍は外国の意向に気がねせず蝦夷攻撃を出来るようになったのです。

　1869年4月9日政府軍は、松前口、二股口、木古内口から進撃し、軍艦の援護砲撃もあり、江差、松前を奪取土方歳三も戦死し、海戦でも敗北し五稜郭は包囲され陥落は時間の問題となり、新政府軍は

箱館病院、院長の高松凌雲を使者として、榎本に降伏を勧告しましたが、彼は拒否しました。その後、榎本は自刃しようとしましたが、止められ幹部の者だけが責任を負い他は無罪とすることを条件に5月18日降伏しました。

黒田清隆の必死の助命嘆願により、榎本、松平、大鳥等は2年余りの入牢ののち明治5年に出獄し赦免されました。その後榎本は日本最初の海軍中将兼特命全権公使としてロシアに行き、千島樺太交換条約を締結しました。さらに後に逓信・文部・外務・農商大臣を歴任しました。

戊辰戦争は箱館戦争が最後の戦いであり、新政府軍の一方的勝利で終わりました。徳川幕府体制下の政治では日本の将来が危ういという認識は幕府にも薩長を中心とする反幕派の諸藩でも共通認識として持っていたと思われます。

それでは、どのような政治体制がいいのかという点でも、徳川慶喜の大政奉還の上表文も薩長が考えていた諸々の新しい政治案も大きな差はないと思われます。しかし、何故、幕府対反幕府の戦争が起きたのでしょうか。この原因は1866年1月の有名な薩長同盟により幕府を武力で壊滅させ新しい政権を樹立するという軍事同盟の合意が明確になり、薩長側が強い決意と絆のもとに、西郷隆盛が強引に戦いに引き込んだ、ためと思われます。

つまり薩長側には、徳川幕府と共に改革を目ざす政権を樹立する意志は全くなかったということだったと考えられます。そこには、薩長側には、関ヶ原の戦いの敗北以来260年間の怨念があったのでしょうか。

# 第2章

## 明治時代

## ❏ 五箇条の御誓文

　明治という新時代は、これまで語って来た戊辰戦争の最中、予定されていた江戸城総攻撃の前日、即ち1868年3月14日に新政府から新しい国家の基本方針として発布されたことから始まりました。

　その原案は越前藩出身の由利公正が、鳥羽伏見の戦いの直前に1晩で書いたと言われています。さらに、土佐藩出身の福岡孝弟が添削しました。由利は肥後の横井小楠に、福岡は横井小南から教えを受けていた坂本龍馬から感化を受けた人物であり、お互いに思想的に共鳴するものがあったのでしょう。

　これに最終案としてしっかり手を入れたのが、木戸孝允でした。最終決定された五箇条を下記に示します。

　1．広く会議を興し万機公論に決すべし

　1．上下心をひとつにして盛に経綸を行うべし

　1．官武一途庶民に至る迄各其志を遂げ人心をして倦ざらしめん
　　事を要す

　1．旧来の陋習を破り、天地の公道に基くべし

　1．智識を世界に求め、大に皇基を振起すべし

「誓文」という名のとおり、内容は国民への宣言文であっても発表のやり方は天皇が天地の神にこの方針に従うことを誓うかたちをとっていることです。

　これが新しい明治の国づくりの最初の大方針となったのです。

## ❏ 戊辰戦争のその後

　朝廷の処分を受けた徳川家は慶喜が当主を辞め、田安亀之助が跡を継ぎました。そして駿府（静岡）に土地をもらい 1868 年 7 月から慶喜もそこに移住しました。当然徳川の譜代の家臣、旗本たちも移動しました。その数は約 1 万 4,000 名であり残りの者は江戸に残ったり、その他の地へ移りました。この幕臣の大移動の総指揮をとったのが勝海舟でした。勝は 10 月 11 日の第 1 陣で、母親、妻、妹の順と静岡へ移住しました。妹の順は佐久間象山の妻でしたが、象山暗殺の後、勝家に戻っていました。

　ここで明治維新で活躍した人々の年令を紹介しておきます。明治元年時の年令で紹介します。現在の政治家に比べて非常に若い力で政府を樹立したことがよくわかると思います。勝海舟（46 歳）、岩倉具視（44 歳）、西郷隆盛（43 歳）、大久保利通（39 歳）、広沢真臣（36 歳）、木戸孝允（36 歳）、江藤新平（35 歳）、井上馨（34 歳）、三条実美（32 歳）、板垣退助（32 歳）、後藤象二郎（31 歳）、山形有朋（31 歳）、大隈重信（31 歳）、伊藤博文（28 歳）という若さです。

　1869 年 2 月に新政府が出来て、新しい国家づくりがスタートしました。しかし実情は非常に悲惨な状態となりました。東京に出て来た三条実美が岩倉具視に送った 4 月 6 日付の書簡がありますのでその現代語訳を示します。

　　「東京の状況は実に容易ならざる状態であり、このままだとガラガラと崩れてしまうような有様で憂慮に堪えない。内部では役所が互いに一致協力もせず、規律、法則も立たない。それぞれが疑惑を抱き、自分がその職にありながら責任をもってそれをやる気持は全くなく、まさに崩れ落ちそうである。」

つまり幕府を倒したけれどあとの青写真を持たず、誰も責任を果たすだけの力を有していない。皆がただ自分の言いたいことを言っているだけであってこれでは崩れるほかはない。皇国の気持も全くなく我々が一所懸命やって来たことは、いったい何であったのだろうかという嘆きでした。

　もう一通、松平春嶽が中御門経之にあてた 4 月 22 日付の書簡を紹介します。

　　「いろんなお達しや命令が出ても、ほとんど議定にきちんと伝わってこず時々上がってくる程度である。終日座禅を組んで、あくびをするか、タバコをふかす以外に全く仕事がない」

　明治 2 年春には議定は 16 名、参与は 14 名とはるかに増えておりました。各藩のお偉方を集めてきたのですが、数は増えても、とても責任をもって政策を履行して行くことなど出来ない。倒幕の志士であって策略を練ったり、陰謀を凝らしたり刀を振り回したりのけんか沙汰は得意でも、本来の意味の国家づくり、目配りのいい政治に対しては疎い人が大半だったようです。

　とにかく明治新政府にはやらねばならないことは山ほどありましたがそのなかでの一番の大仕事は各藩がもっている軍隊をなんとかしてつぶすことでした。300 年近く続いている封建制度から脱却するためには、 1 日も早く藩が持っている権益を全て政府が取り上げる必要がありました。

　その具体策の第一歩が「版籍奉還」の政策でした。

　版とは版図すなわち領地のことで籍とは戸籍すなわち人民のことです。中央政府は全国全ての土地と人民の所有権は帰属すべきものであり徳川慶喜が大政奉還したように、各大名もその土地と人民の所有権を返上すべきとしました。それが版籍奉還であり、1869 年 1

月20日薩摩、長州、土佐、肥前の4藩の藩主が連署して、その願いを政府に提出しました。この演出は、長州の木戸孝允、薩摩の大久保利通、土佐の板垣退助、肥前の大隈重信らが、それぞれの藩主を説得することによって行われました。

　これがきっかけとなって次々と諸藩が奉還を申し出ました。今、進んで願い出ておかないと、あとになって政府からどのように見られるかという恐れもあり、5月3日までに262藩が版籍奉還の上表を提出しました。6月になってそれまで奉還を願い出ていた諸藩主をそれぞれの藩の知判事に任命して、旧領地の政務をとらせ、そのポストを世襲としました。旧藩主にそれまでの地位を与えて急激な変革をさけ、不満を抑えこんだのです。

　政府は同時に新しい身分制度を布告し、公卿や諸候の呼称を全廃し、一括して「華族」としました。後に「公、候、伯、子、男」の爵位ができますがこの時点ではすべて「華族」となったのです。

　政府はこのように旧藩主達の機嫌をなだめすかしながら、天皇を中心とした中央集権体制の強化をはかっていたのです。

　版籍奉還が実施された時点で、大久保利通は少数精鋭主義で乗り切っていかなければ新政府は瓦解して行くと考え、5月12日に土佐の後藤象二郎、板垣退助、肥前の副島種臣らを口説き、政府内部の構造改革に着手します。今の政府は人間の数は多いが具体的な政策は何も出来ないという状態を、選挙によって政府の役人を選び、落選者に去ってもらうことにしました。山内容堂など反対者もいましたが4月13日選挙を強行し以下の様に決定しました。

　輔相：三条実美（49票）、議定：岩倉具視（48票）、鍋島閑叟（直政）（39票）、徳大寺実則（36票）

　参与：大久保利通（49票）、木戸孝允（42票）、副島種臣（31票）、

東久世通禧（26票）、後藤象二郎（23票）、板垣退助（21票）以上わずか10名が選ばれ以後の全ての決定権を握ったのです。さらに下局を設け、各藩から227人に下働きを命じました。その他の人達は全て解雇されました。

　この当時の大問題は政府が直轄の軍事力を持っていないという点でした。版籍奉還で知藩事となった殿様の下にはまだ武士団がいました。武士団を残したままでは封建制は打破できません。そこで大久保利通が政府直属の軍を編成しようと画策を始めると、長州の山県有朋、薩摩の西郷従道（西郷隆盛の弟）が猛反対をしたため、木戸孝允の策で2人共にヨーロッパへ視察旅行に行かせました。

　そんな時、長州の大村益次郎が政府は軍隊を持たなければならない。なければどんな改革もスムーズに事は運ばず、それには徴兵制が必要であると提案し、さらに藩とは関係なく国民軍をつくるべきだと強く主張しました。徴兵制まで即座に決定するのは無理と考えられたため、とりあえず政府直属の軍の創設に踏み切りました。

　1869年9月4日京都木屋町の宿で思いもかけず大村益次郎が旧長州藩士に襲われました。大村の急進的な徴兵制度、国民軍の設立に反対する長州藩士に暗殺されたのです。

　明治3年（1870）8月、山県有朋と西郷従道がヨーロッパ視察から帰国しました。山県はヨーロッパ視察で軍事力をしっかり充実させなければ国家はうまく運営出来ないとすっかり認識をかえて帰国していました。大久保から帰国と同時に兵部少輔への就任を命ぜられた山県はそれを断ります。自分が軍事を担当するのであれば、兵制の統一（その当時の藩の兵制はドイツ式、フランス式、イギリス式、オランダ式などバラバラでした）と、鹿児島の西郷隆盛を東京に呼び戻し軍制改革の首班にすること、西郷という人間の威名により兵

制を統一し、国民軍をつくる必要があると思っていたのです。政府内でもその方針に従い、西郷の上京を促すため、天皇の勅使として岩倉具視、大久保利通、山県有朋、川村純蔵の4名が鹿児島へ出かけました。そして12月15日軍制改革のために是非とも上京して頂きたいと願いました。特に山県有朋が熱心に思いを込めて頼みました。その願いを、西郷は意外にあっさりと引き受けました。そして西郷は薩摩、長州、土佐の三藩の軍を御親兵として組織し、朝廷に献ずる案を提案しました。この案に長州の木戸孝允、土佐の板垣退助も賛成し、山県の提案した国軍がはじめて創立されたのです。御親兵の勅令が1871年2月12日に出され、陸軍部隊1万人（9個大隊、6個砲兵隊）が編成されました。


## ❏ 廃藩置県

　政府が強力な直属の軍隊1万人を編成し、軍略家、西郷隆盛が指揮者として登場したのですから、廃藩置県を実行しなければ王政復古の大号令が掛け声だけに終わってしまう危険性があります。この実行が成功すれば日本の政治体制は分権連邦型の封建制から、中央集権国家への第一歩を踏み出せることになります。

　西郷が参議になった後、1871年7月14日、いっきょに廃藩置県を断行しました。その日、午前10時から天皇が出御し、あらかじめ呼ばれていた鹿児島藩知藩事島津忠義、山口藩知藩事毛利元徳、佐賀藩知藩事鍋島直大、高知藩知藩事代理板垣退助の4人を前にして、三条実美が勅語を読み上げ天下の情勢を察して協力してほしいと言ったのです。

当日午後2時に天皇が大広間に出御し、在京中の知藩事全員が呼び出され午前と同じ様に三条実美より「藩を廃し県となす」との詔書を読みあげ260余藩が一斉に廃止されました。予想された諸藩の抵抗は殆んどありませんでした。

　その当時の各藩の財政事情は苦しく、払う見込みもない借金を政府が肩代わりすることになるので、不平不満が起きなかったとも考えられます。以上の処置に伴って旧大名の知藩事は全て免官とされ、代わって各府県には中央から新しい地方官が任命されました。

　これが廃藩置県の実態でした。

　明治維新は士族による武力革命でした。多くの武士が戦死しました。犠牲を払った結果この廃藩置県により領地もとりあげ、武士は全て失業となったのです。大名、士族といっても倒幕をなし遂げた薩・長・土・肥をはじめいくつかの倒幕に加担した藩も、全ての武士が平等に失業してしまったのです。

　この顛末を聞いたイギリスの公使パークスの感想がアーネスト・サトウの日記に残っています。

　「欧州で、こんな大事業をしようとすれば数年間戦争をしなければなるまい。日本では、ただ一人の天皇の勅語を発しただけで、260余藩の実権を取り上げ、国家を統一出来た事は世界に類を見ない大事業であった。これは人力ではない。天佑というほかない。」と言ったそうです。

　武力があるはずもない天皇というものの存在が日本人のなかで、いざという時にはものすごい力を発揮したのです。これが尊皇思想の原点といえるでしょう。万世一系につながる天皇の畏るべき権威というものであったのでしょう。

　そして1871年7月廃藩置県は無事、まさに無血革命といえる状

態で実行され成就したのです。


## ❑ 廃仏毀釈と幕末の新宗教

　幕末までは神社の大半は神仏習合のかたちで、祭祀が行われており本地垂迹説（仏が人々を救うために神となって現れている）に従って神社に神宮寺や別当寺が多かったのです。

　しかし、明治新政府は古代の政治理念である祭政一致をとなえ、国家神道政策を進めました。檀家制度に支えられて江戸幕府から国教的特権を与えられていた寺院を神社から切り離すことが必要となり、1868 年 3 月諸神社に対して、仏僧が社務に従う事を禁止し、かれらを還俗させて、僧位・僧官を返上させました。その後も神仏分離令はきびしく実行され長年僧侶に圧倒されて、不満を持っていた神職達が先頭に立って、この運動を進めました。この運動は全国に広がりましたが、特に、佐渡、富山、松本、美濃苗木、津和野、薩摩藩などで、思い切った廃仏毀釈が行われ僧侶には還俗、帰農が強行されました。

　特に廃仏毀釈運動が激しかった薩摩藩の例を上げることにします。薩摩藩の運動は島津斉彬の時代から始まりました。1842 年頃から水戸藩では廃仏毀釈運動がはじまり斉彬はこれに影響を受け、島津藩でも廃仏毀釈運動を行ったと思われます。1869 年 3 月島津忠義の夫人の葬儀が神式で実施されたのを機に、島津家は仏教からの離脱を表明しました。同年 11 月には島津家ゆかりの 4 寺院を廃寺にしました。その後島津藩では 13 年以上にわたって徹底した廃仏が実施されました。

こうして藩内寺院1,066か寺全てが消え、僧侶2,964人全員が還俗させられたのです。又、没収された寺社所領は1万5,118石に達しました。

　奈良の廃仏毀釈と言えば、文化財破壊につながります。奈良における廃仏毀釈の波は、東大寺、薬師寺、西大寺、唐招提寺、興福寺などであり多くの国宝級仏像その他が、国内外に放出されてしまいました。特に強烈な被害は興福寺であり、興福寺は実質廃寺となり明治14年になりやっと再興の許可が下りたのでした。

　1871年（明治4）頃になって、廃仏毀釈の行き過ぎから、仏教の将来を心配した三河の僧侶達が一揆を起こし、この頃を境に仏教界を襲った嵐も鎮静に向かいました。

　幕末には時代の不安定さが民衆にも影響し、新しい神道系の宗教が登場しました。

　代表的な宗教が天理教と金光教です。

　天理教を創唱したのが大和国の庄屋に生まれた女性中山みきです。地主の妻となった中山みきは「天理王の命」を信じて「陽気ぐらし」につとめれば、すべての人間は救済され「世なおり」によって、この世の極楽が到来すると説きました。当初の仏教的色彩を改めて、神道化し京都の吉田家（吉田神社）からの公認を得て、その信者は全国的な広がりを見せました。

　中山みきは政治権力よりも、神の意志が優先すると説いたため、官憲による激しい弾圧を受けた末、1877年90歳で没しました。

　天理教と並び金光教も幕末維新期の代表的民衆宗教です。創立者川手文治郎は備中国浅口郡（岡山県浅口市）の人であり中山みきとほぼ同時代の人です。農家の養子となった文治郎は生来篤実で、信心深く勤労にはげむ毎日を送っていました。しかし42歳の厄年に自

らが重病になると、これを金神のたたりと考え大いに恐れるようになりました。

　その後、文治郎は金神の熱心な信者となり、46歳の時、神命に従い金神につかえるようになったのです。

　1864年文治郎の教義は白川家から許状を得て公認され、備中から岡山県へ、また、全国的にその教勢を伸ばしたのです。


## ❏ 岩倉使節団と留守政府

　明治4年（1871）11月右大臣岩倉具視を全権大使とする海外使節団が横浜港から出発しました。副使は木戸孝允、大久保利通、伊藤博文、山口尚芳以下政府の重要メンバー総勢48名の大使節団でした。さらに中江兆民、団琢磨らと5人の女性も同行し、その内に津田梅子（8歳）がいました。彼女は、後の津田塾の創立者となった女性です。彼女達は帰国後には、婦女子の模範となるよう皇后から沙汰書まで出されていました。

　外国使節団派遣の案は当初、条約改是御用掛参議の大隈重信の発案で閣議で大隈重信の全権使節が一応内定していたのが、大隈の派手な動きが政府内で反発を呼び起こし、薩長のみならず、傍若無人に見える大隈の態度に反感を持つ者が多数いたのです。条約改正問題の成否は政治的主導権の推移と密接に関連するとみられるだけに、肥前出身のやり手大隈の動きは薩長主流派にとっては、我慢のならないものであったのです。そのため岩倉具視を擁した薩長派の使節団が結成され前述のメンバーで欧米へ出発したのです。

　岩倉使節団の目的は、安政年間に欧米列強と結んだ条約を明治5

年（1872）5 月 26 日から、条約改正が出来る時期に来ており、いわゆる不平等条約を改める必要性を痛感していた明治政府の決定といえるでしょう。このように条約改正のための予備交渉が主たる目的でした。

　明治 5 年 1 月 21 日、岩倉使節団はアメリカの首都ワシントンに到着しました。合衆国国民は、はるばる東アジアの新興国から訪ねて来た一行に行く先々で好奇心のこもった大歓迎を惜しまなかったのです。

　早速、米国との交渉に入ったところ、使節団が持参した全権委任状には条約改正の交渉、および調印の権限が記載されていなかったので、アメリカ側から一行の交渉資格に疑問が提起されました。そこで使節団は急いで大久保、伊藤両副使を日本に帰し全権委任状を持ってこさせることにしました。しかし、留守政府の方では、外務卿副島種臣や、外務大輔寺島宗則らは、使節の意見交換であって、委任状を与えるべきではないと強く主張しました。しかし、大久保、伊藤に手ぶらで戻すことも出来ないため、結局委任状は渡すが、交渉はいったん中止ということにすれば顔が立つだろうとの仲裁案が出て、ようやく目的を達して使節団のもとへ戻ることが出来ました。ただし、日米 2 国間交渉はやめ、改正問題は後日ヨーロッパのどこかで列国代表と集まって行うよう大使に伝えよとの命令でした。こうして日米交渉は打ち切りとなりました。

　使節団は 7 月 3 日アメリカからヨーロッパに向かいイギリスのリバプールに上陸しました。イギリスではヴィクトリア女王にも謁見しました。その後イギリスの工業地帯を見学しその繁栄振りに驚かされました。次にフランスを訪れましたがパリコミューンの崩壊後 1 年半ほどのパリは騒然とした状態でした。パリから一行はベルギー、オラン

ダを訪れ、ドイツのベルリンに到着しました。ここで鉄血宰相ビスマルクに会いプロシアが英、仏、露などの列強のなかで、その独立と国権を維持した富国強兵の苦心談を聞かされ、ドイツと同じ道を歩もうとしている新生日本に対する激励を受けました。大久保利通は東京からの電報により帰国しました。

岩倉具視はその後ロシア、オーストリア、スイス、イタリアを訪れ、フランスのマルセイユから帰国。約1年10か月の月日と100万円の巨額な費用を用い「条約は結びそこない金を捨て、世間に対し（大使）何と岩倉」という狂歌さえも登場しました。ここに岩倉使節団は事実上分解し、形骸化してしまったのです。

岩倉使節団の出発後の留守政府は、内外の政務は停滞するどころか、一層推進されました。むしろ廃藩置県から岩倉使節団帰国までの2か年余りの間、近代歴史において、政治上、経済上、社会上の急進的改革が、最も集中的に効率よく実行された時期ともいえます。

まず、最初に、それまで人民を苦しめていた封建的身分差別が撤廃され、人権の確立が進められました。

明治4年8月23日の華族、士族、平民相互間の通婚許可。同28日の「穢多・非人」の呼称の廃止と身分職業の平民並み化。同年12月18日華氏族、卒の職業選択の自由の許可。明治5年1月29日の卒身分の廃止と娼妓、年季奉公人の解放などの一連の布告によって封建的身分制は基本的に否定されました。

明治5年3月に神社仏閣の女人禁制廃止、同年4月僧侶の肉食、妻帯、長髪許可。明治6年2月切支丹禁制の高札の撤去など宗教の自由化も進められました。基本的人権、民権を大幅に復活させたのです。明治5年12月太陽暦が採用されました。

封建的身分の撤廃は士族の特権の解消が必然となり、士族のみが

軍事を担当すべき理由も消失しました。まず、士族の帯刀義務が解除され明治６年（1973）１月には国民皆兵を標榜した徴兵令が布告されました。これらの施策と併行して、土地制度の改革が推進され、同年７月政府は画期的な「地租改正」を布告しました。こうして封建的土地制度を解体し、近代的土地制度を発足させました。

　留守政府の精力的な施策によって日本の封建的社会制度は短日月の間に否定され、近代的社会諸条件が創立されたのです。

　明治５年（1872）９月には新橋〜横浜間に日本で最初の鉄道が開通、特筆される年でもありました。

　留守政府は内政面のみでなく外交面でも成果をあげました。特筆すべき事件が1872年（明治５）６月に発生しました。

　横浜港に入港したペルー船マリアルズ号に清国人奴隷多数を収容していることが、発覚した事件です。当時の外務卿副島種臣はその奴隷解放を敢行して、日本政府の人道的姿勢を示し、清国から感謝されました。なお、その結果発生したペルー王国との紛争はロシア皇帝の国際仲裁裁判で、日本側有利に解決されました。

　このようにこの時期、内政に外交に、性急と思われるほどの改革政策が実行された理由は、第１に当局者が維新の理想に燃え、かつ廃藩決行の勢いにのっていたこと、第２に条約改正の必要が欧米並みの近代化を急がせたこと、第３に岩倉使節団に対する留守政府の競争意識、功名心さらに使命感が強烈にはたらいたからだと思われます。留守政府の史上にも稀なほどの仕事の中心になったのは、維新の政治家中では江藤新平であったと考えられます。

　江藤新平はその後初代文部大輔に任命され、近代化のために国家が全国民の教育に積極的に責任を負うべきだという江藤の方針は、江藤の盟友である肥前藩出身の大木喬任文部卿に受けつがれ明治５

年（1872）9月「学制」公布となったのです。

　その後江藤は行政権から、立法権の分離独立を一定の進展をさせ、左院を立法機関として軌道に乗せました。次に江藤は司法卿に就任し、司法権の独立に注力しました。1872年（明治5）8月3日に22章108条からなる大部の「司法職務定制」が制定されました。この制定により日本における最初の近代的司法制度の体系化が確定したのです。


## ❏ 明治6年政変

　対朝鮮では幕末の頃から、色々きしみが出ていましたが、明治新政府になって、あらためて、国交を求めたところ、従来の対馬藩との交易なら、引きつづき許してもよいが、新政府の要望は許されないと断られました。当時の朝鮮は、大院君が政権をにぎって鎖国・排外政策をとっており、特に日本の要求の背後には欧米列強がいるとみて、警戒心を強めていました。

　しかし、日本側は国威を傷づけられたとして征朝論を主張する政治家が増えていました。新政府の改革によって没落させられた、士族の不平・不満を感じていた西郷隆盛は「内乱を期待する心を外に移して国を興す遠略」として征韓論を浮上させました。明治6年（1873）8月に西郷は自分の使節派遣を太政大臣三条実美に迫り、8月17日の閣議で西郷の朝鮮派遣使節任命が議決されました。

　この件は内定したのですが、この閣議決定は陸軍卿山県有朋、海軍卿勝海舟ら最高幹部にも知らされていませんでした。後にこの事を西郷従道から聞かされた山県は大変びっくりし勝は戦術もなりた

たず実行するなら辞職すると意気まいたのです。

　9月22日、岩倉主権大使と伊藤博文副使が帰国し10月14日に大久保、副島新参議を加えて、閣議が開かれましたが、結論は出ず、翌15日の閣議では、西郷は欠席しましたが、西郷派の板垣、副島の主張で大久保の反対もむなしく、三条はやむを得ず、西郷の見込みどおりに任せると裁決しました。

　翌16日に怒った大久保が三条に辞表を提出し、木戸、大隈、大木も辞表を出しました。右大臣岩倉具視は病気を理由に欠席しました。集まったのは、征韓論派参議だけとなり、西郷は三条に上奏を迫り、三条は岩倉ほかの参加を待ってくれと懇願し、夜通し悩んだ三条は翌18日精神異常を来たしました。

　20日、天皇は三条を見舞った後、岩倉を訪れて、太政大臣代理に任命しました。22日西郷たちは閣議決定事項を早く上奏してほしいと岩倉に迫りましたが、23日岩倉は閣議決定の内容と反対の意見を上奏して裁可を得ました。

　同日、西郷は辞表を提出して、28日帰郷の途につき、陸軍少将桐野利秋、篠原国幹らも辞表を出し、鹿児島に帰りました。また、板垣、後藤、江藤、副島も辞表を受理されました。しかし先に提出された大久保、大隈、大木の辞表は戻され、新たに伊藤博文、勝海舟、寺嶋宗則が参議に任命されました。

　この時の政変は征韓論に名をかりて、当時の司法卿江藤新平を追いおとす陰謀であったとも言われています。かつて奇兵隊で山県の部下であり、維新後兵部省の御用商人となった山城屋和助が、陸軍卿山県有朋を通じて陸軍省公金を合計64.9万円借り出し（これは当時国家予算の1％）返済不能となり、陸軍省内で割腹自殺したため、山県も、一時辞職をせざるを得なかった事件や、尾去沢銅山の払い

下げに関する、大蔵大輔、井上馨の不正汚職嫌疑など、いずれも長州派が司法省に摘発され江藤新平が深く恨まれていたり、大久保利通も所轄の大蔵省権限を一部司法省に奪われて、江藤に反感を抱いていることから江藤つぶしの謀略説も可能性なしとは言えません。そうであれば長州汚職派が最大の受益者と言えるでしょう。

## ❏ 旧士族達の反乱

### 佐賀の乱

　明治7年（1874）当時、全国の士族は政府の中央集権近代化策のあおりを受け次々に社会的経済的特権を奪われ、不平不満を強めていました。藩という拠り所を失った彼等は各地で士族結社を組織しました。士族のなかには征韓など対外武力行使に現状打破と士族復権の期待するものも少なくなかったのです。

　明治6年政変で西郷や板垣が政府を離れると後を追って多数の薩摩系や土佐系の官僚・軍人が辞職し、帰郷したので、士族の反政府気分をいっそう刺激しました。佐賀もその例外ではありませんでした。佐賀には封建時代への復帰を望む守旧派の憂国党（約1,000人）と江藤新平を首領とする征韓党（約2,000人）その他500人程度の中立派が生まれていました。県庁では、これら士族集団を統御できず、佐賀城下は物情掻然となっていました。

　明治6年12月征韓党の中島・山田らは上京し、副島と江藤に帰県して指導にあたってほしいと頼みましたが、板垣が強く自重をうながしたため、副島は残留し、江藤だけ佐賀に帰ることとなりました。大隈も引き留めましたが、江藤はこれらの忠告に従わず運命の岐路を越えてしまったのです。

憂国党首領島義勇によると熊本の鎮台兵が佐賀に入城し、わが党を打とうとしている。今こそ生か死かの決断を迫られている時であり、勝てばそれぞれの志をとげられようがあなたはどう考えるかと江藤に迫りました。江藤としても佐賀が立てば西南の諸県も呼応するであろうしその勢いをもってすれば中央政府の方針を変えさすことが出来ると考え、協力して軍をあげようということとなり、自分達も政府軍を迎え撃ち、錦旗を奉じて朝鮮を討つと唱えました。

　新しく、佐賀県権令となった岩村高俊は赴任地佐賀に入る前に、熊本で陸軍少将谷干城と軍議した上で、その鎮台兵の一部を連れて佐賀県に入りました。

　佐賀の不満士族達は見事にその挑発に乗せられてしまったのです。予定の行動のように大久保利通は自ら佐賀へおもむいて、鎮圧の指揮を取りました。中央政府の厳然たる威力を示して、不平士族反乱への見せしめにしようと考えていたのです。政府側は嘉彰親王を征討総督とし、陸軍中将山県有朋、海軍少将伊東祐麿を参謀として近衛兵や東京鎮台兵を送りました。乱は終わりかけているのですから、これは明らかに示威のための出兵といえるでしょう。

　江藤は西郷を頼って鹿児島に逃れ、西郷に断られたため宮崎から愛媛・高知に入り、保護を求めましたが断られ、高知の甲浦で捕えられました。早速佐賀に送られ元江藤の部下であった河野敏鎌により、十分な弁論の機会も与えず、極刑（梟首）の判決を下し即日処刑されました。島義勇も同罪、他に山中一郎ら11名が斬首に処せられました。

　大久保利通による「私刑」といわざるをえない結果となりました。なお、福沢諭吉も佐賀の乱の裁判結果について、痛烈な批判を加えています。

## 神風連の乱

　明治９年（1876）10月24日夜、太田黒伴雄、加屋霽堅を中心とする士族達が熊本鎮台や、県庁を一斉に襲撃しました。一堂170余名の神風連の乱の始まりです。彼等は政治活動よりも神事を中心にした信仰集団で強烈な国粋主義者でした。明治政府の開国洋化策と欧米諸国に対して卑屈な態度をとることが許せなかったのです。彼等の武器は西洋式の火器は一切使用せず、日本刀だけで決着をつけようとしました。

　県庁では神風連の動きを掴んでおり、襲撃当日、安岡良亮の居宅で、警察幹部だけを集めて対応策の協議中、神風連はこの会議の席に斬り込んで、安岡県令や、警察幹部の大部分が殺害されました。このため、警察の指揮命令系統は完全に寸断されると同時に電信局も襲撃され、外部との連絡は断たれました。

　情報は鎮台に伝えられず、司令長官の種田政明少将と参謀長の髙島茂徳大佐は共に自宅で急襲を受け、２名共に殺害されました。襲撃を受けなかった児玉源太郎を中心にした部隊の活躍により、襲撃側の人数や武器がわかり形勢は逆転し、３時間の激闘の末に反乱側は敗走しました。

　神風連側の戦死者28名、逃れた者も86名が自決しました。捕われた46名中３名が死刑に処され、逃亡した者は４名だけでした。


## 秋月の乱

　神風連の乱の３日後、福岡県の旧秋月藩士宮崎筆之助が、約500名で兵を上げました。熊本の神風連の乱が敗れたと聞いて、とまどいもあったようです。萩の前原一誠の乱に合流しようとしましたが、小倉の鎮台兵の出動により、たちまち鎮圧されました。

## 萩の乱

　明治6年（1873）頃、長州で反政府勢力の指導的存在であったのが、前原一誠です。彼は松下村塾出身で戊辰戦争では山県有朋に代わって北越軍の参謀をつとめました。明治2年越後府知事になりましたが、木戸孝允や大久保利通と意見が合わない事が多かったようです。明治2年11月暗殺された大村益次郎の後任として兵部大輔に就任しました。その後、木戸との意見対立が続き、結局前原はこのポストを辞任し萩に帰郷してしまいました。

　士族の特権を次々と奪っていく政策に不満を持つ人々は、ここにその運動のリーダーを得た思いで、集まってきたのです。維新には自分も死力を尽くしながら、同郷の者からさえ裏切られていくのに耐えきれず、神風連や秋月の乱に同調し、蜂起に踏みきったのです。10月16日約100名ほどを明倫館に集め、檄をとばし薩摩の西郷から小銃3,000挺、大砲8門が送られてくるとハッタリをかけました。28日前原党は山口県庁を襲撃しようとしましたが、政府軍の出動を聞いて、いったん海路で島根に向かい31日には萩に戻り、突然大砲を連発して、政府軍の不意を突いたのです。1日、2日と激戦が続きましたが、前原軍は食糧も弾薬も欠乏し、増援にかけつけた広島・大阪の鎮台兵や海からの軍艦による攻撃などで、一時は500名を越えた前原党は壊滅しました。前原は逃げる途中、島根県宇龍崎で捕えられ、前原一誠、弟ら8名が斬罪、48名が懲役、他の403名が放免となりました。

　神風連、秋月、萩の乱の指導者達は乱を起こせば、薩摩の西郷隆盛が決起してくれる事を期待した反乱と思われます。

## ❏ 西南戦争

　神風連、秋月、萩の乱の後、東京で鹿児島で政府に対する不満が高まるなか、西郷隆盛の去就に注目が集まりました。岩倉具視関係文書に収められている密偵の報告によると、明治9年（1876）12月4日桐野の別荘に西郷、篠原、村田以下が集会し、挙兵を求める別府晋介や辺見十郎太を西郷が「機を持つべし」と抑えた話が出ていますが、桐野も挙兵の意志を示しています。同年4月中旬以降から、鹿児島県内各地から、武装した士族が私学校に集会しており、政府が人心を掌握できていないことが明らかとなっていました。

　1876年暮れ大警視川路利良の命令で、いずれも鹿児島士族で東京在住の主として警察の面々約20名を帰郷させて私学校党の視察と説得にあたらせました。しかし、明治10年（1877）2月3日から2月7日の間に、東京から派遣された川路の部下等は私学党に逮捕され、拷問の結果、西郷暗殺計画を自供する口述書が取られました。逮捕された少警部中原尚雄は、この口述書は拷問によって捏造されたものであり、暗殺など考えていなかったと告発しています。

　鹿児島の不穏な状況をみて、政府は武器弾薬類を大阪に移そうとしたところそれに気づいた私学校党は、明治10年（1877）1月29日夜から火薬庫や海軍造船所を襲い、武器弾薬を奪いとりました。桐野利秋、別府晋介、篠原国幹等は共に反政府の決起を誓いました。狩猟中の西郷隆盛に弟の小兵衛が決起を伝えると、西郷は驚いて膝を打ち「しまった」と言ったそうです。政府の警戒が強いため上京しての抗議は無理と判断され、多くの意見が出ましたが、結局、池上四郎が提案した、全軍、熊本を経由して、上京し抵抗されれば武力で抑えて前進するという案が満場一致で議決されました。

この時の私学校党を支配していたのは、怒りや焦燥感、そして圧倒的な自信であったと思われます。戦争になった場合の戦術は問題にならず、非は政府にあり、義はこちら側にあり、西郷という英雄と薩摩という「雄藩」に対する自信と自負あるのみでした。大山県令は「西郷暗殺計画が中原から発覚したので、西郷、桐野、篠原が政府に尋問する届出を受け付けたと各県、各鎮台に対し、西郷上京の旨を通知しました。

　西郷に求められた事は、勇敢で活発な行動よりも生命の保全と静止であり、自由な発言よりも沈黙でした。西郷のいない反乱軍など「蜘蛛の子を散らす」ようなものだと語るのは大久保利通でしたが、桐野らこそが同様の認識をしていたと思われます。

　４年前に西郷と訣別することになった大久保は、西郷がこだわるのは名分であり、過去の士族の反乱の際も西郷は起たなかったことから、また、岩倉や木戸も西郷をよく知るがゆえに、軽率に決起に加わるはずがないと考えていたようです。もし戦争になった場合大久保は勝利を確信し、この機会に鹿児島の病根を一掃出来る展望もありました。

　山県はすでに１月28日鹿児島不穏の情勢を捉えて、熊本鎮台の谷干城司令長官に警戒を命じました。薩軍はまだ出発していないのですが、陸路をとった場合熊本鎮台がこれを防ぐことになる可能性が高かったのです。２月12日鹿児島を発った薩摩の出兵した陣容は実数１万6,000名でした。熊本鎮台側は戦争準備を進めており、籠城しての戦闘策をとり、このまま熊本を西郷軍に通過させるつもりはなく、土佐出身の谷干城司令長官も薩摩出身の樺山資紀もその覚悟で熊本城下を通過することは断じて許さぬ態度を表明しました。

　一方、薩側では樺山が薩摩出身であったため西郷はその寝返りを

期待していましたが、この意外な態度は計算外であったにちがいありません。

　2月19日、熊本城天守閣から出火し、放火か失火か不明のまま全焼しました。熊本城守備の兵員数は4,300名程度で、薩摩軍兵員の約4分の1程度の戦力でした。2月19日熊本鎮台に征討令が発布され鎮台兵は官軍となりました。心配せずに士気をあげ「賊」を破れという戦争の名分を保障するものでした。2月22日から薩軍の総攻撃が始まります。西郷軍の意気はさかんですが、戦略、戦術は甘かったのです。2月22日～23日に城の周囲を包囲され、猛攻撃が始まりました。しかし、熊本城は落城せず長期戦となり、城中の兵糧は19日分を残すだけとなり、援軍の政府軍は田原坂、植木坂で釘づけとなっていました。戦闘に参加する者には飯が与えられましたが、第一線に出ない者には司令官といえども粟粥か粟飯でした。

　4月14日早朝から薩軍の根拠地川尻で、激戦を思わせる激しい砲声が聞こえ、昼頃には急に砲声がやみました。そして、天の使いとして現れたのは、政府軍の黒田清隆のひきいる背面軍でした。黒田軍は八代上陸後、県南の薩軍を破り川尻を占拠し、熊本城下に進軍しました。実に、熊本籠城54日目のことでした。

　翌日、北の植木口からも政府軍が入城しました。一方薩軍は、西郷、桐野、村田たちが人吉によって戦線の立てなおしをすることにしました。3月4日から熊本城の北、田原坂では政府軍と薩軍の死闘がくりかえされ1日20万～40万発の小銃弾と約1,000発の大砲弾を費やしましたが最後は、政府軍が警視庁巡査100名による抜刀隊の突撃で薩軍を圧倒し、3月20日一斉突撃により薩軍の堅塁を抜くことが出来ました。優勢となった政府軍のため、薩軍は四分五裂となり人吉、都城、宮崎、延岡などと転戦しましたが日を追うごとに兵

力は弱まり降伏した者は1万余人となりました。

　今や300人程度となった薩軍は、政府軍の追撃をたくみにかわして鹿児島の城山にたてこもりましたが、政府軍に包囲され1877年9月24日最後の突撃を貫行、西郷は別府晋介の介錯で自刃しました。

　無教会主義キリスト教の創始者である内村鑑三は西郷について、その思想は統一的帝国（王政復古）と東亜の征服、東邦経略であり、王陽明思想の影響を受けていると、推測しています。

　西郷の昔からの弱点である余りに強すぎる情が、反徒と結びつける主な原因と言えるのかもしれません。

　西南戦争は、平民を中心とした政府軍が武士を中心とした西郷軍に勝利したことで、武士の時代の終焉を示す大きな事件だったと言えるでしょう。

　明治10年（1877）西南戦争中に長州の木戸孝允は病死しました。明治維新の3傑といわれた西郷と木戸の2名が1877年に亡くなり、残った大久保も明治11年（1878）5月14日東京・紀尾井坂で登庁の途上、旧加賀藩士島田一郎など6名に襲われ暗殺されました。彼等は西郷に味方しようとして九州に行こうとしましたが西郷軍が敗北し、目的を果たせなかったため、その死に報いるためにこの挙に出たと自供しました。

　大久保は49歳でこの世を去りましたが、大隈重信や井上馨ら元勲といわれる者たちが豪奢な生活を過している時にも相変わらずの公邸住まいで没後には借金8,000円が残されたとのことです。

## ❏ 琉球処分

　15世紀に成立し、400年間に及んだ「琉球王国」は清の朝貢国でした。中世の琉球王国は中国、朝鮮からマラッカ、シャムと結ぶ交易の中継地となり、黄金時代を築いていました。1609年徳川幕府の命により、島津藩の侵略を受け、島津藩に軍事支配されました。その後、琉球王国は清と島津藩の二重支配の状態となったのです。

　明治5年（1872）明治新政府は、琉球王国を琉球藩とし、尚泰王を藩主としましたが、1879年政府は琉球藩を廃し、沖縄県を置きました。このことは沖縄にとって廃藩置県が行われたということです。最後の琉球国王・尚泰を東京に移住させ、実質的に琉球王国は滅亡したのです。

　これを「琉球処分」といいます。


## ❏ 自由民権運動と明治14年の政変

　明治7年（1874）1月17日、板垣退助ら士族の8名が国会の開設を要求する建白書を政府に提出しました。8名のなかには、3か月前にいわゆる明治6年政変で敗れた、後藤象二郎、江藤新平、副島種臣の前参議も入っていましたが、西郷隆盛は入っていませんでした。当時の自由民権運動とは江戸時代の身分制社会に代わる新しい社会を自分達の手でつくり出そうとする運動だったのです。

　板垣退助は、特定の藩の出身者である一部の上級の役人だけが権力を握って政治を行っていると批判し、税金を払っている以上、納税者からも代表を選出し、議会を開いて政治にかかわる権利がある

と強く訴えました。板垣退助は故郷の土佐で「立志社」、大阪で「憂国社」と、次々に政治結社を立ち上げ、自由民権運動を広げていきました。

　自由民権運動は明治維新の課題を日本国民がひきついだもので、民撰議員（国会）の開設を要求した1874年から、実際に国会が開かれた1890年代まで続行されました。この運動は参政権を求める（国会の開設）ことに最大の焦点があたったのですが、それと共に国民大多数の農民の要求である地租改正と条約改正の実現を重要な目標とされていたのです。

　自由民権運動には、三つの源流があるといわれています。そのひとつは士族の内にあり、土佐の立志社から大阪の愛国社へと展開した反政府士族を中心とした流れであり、ふたつ目は明治維新による地租改正事業を刺激として決起し、地方民会の経験をつうじて政治的にめざめた豪農民権家を中心とした流れであり、みっつ目は、1880年代に土佐の立志社に匹敵する働きをした東京の「嚶鳴社」のような、都市知識人のグループの積極的な役割を流れのなかに位置づけ、これらが混然一体となりながら、国会開設運動を広げたところに、自由民権運動の高揚があったのです。

　一方、政府は新聞紙条例などの法令で、行き過ぎた政府批判などの弾圧を行い、言論統制を行いました。こうして、「譲歩」と「弾圧」を同時に行って、民衆運動を鎮静化させながら、徐々に民衆の権利を拡大させていくというのが、政府側の戦術となっていったのです。

　大久保利通が暗殺されたことから、政治状況にも変化が生まれてきました。大久保利通暗殺後、大蔵卿の大隈重信と内務卿の伊藤博文が政府のリーダーシップをとりました。どちらかと言えば大隈重信に主導権がありましたが、この2人の関係は良くなく、しばしば

対立していました。

　大蔵卿大隈重信が経済政策の中心となった頃の政府は度重なる改革や西南戦争の戦費のため非常な財政難に陥っていました。大隈は従来発行していた兌換紙幣ではなく、不換紙幣を大量に発行し、当座の財源としたのですが、当然、紙幣の価値が下がり、物価が上昇しインフレを発生させました。

　政府にとっては、同じだけの地租を民衆から集めても、紙幣の価値が落ちているため、実質的には歳入不足になってしまいます。こうして政府は、徐々に財政難に陥ったのでした。

　明治11年（1878）大久保利通暗殺後の頃から、国会開設を求める自由民権派の動きは格段の盛り上がりを見せ、民間における立権意識の向上も着実に進展していました。伊藤等は暗殺された大久保の漸進主義での改革路線をとっていたのです。当時参議だった大隈重信は憲法設立の意見書を作成しました。彼が提出した意見書は大きな波紋を呼び、明治憲法史上特記される明治14年の政変を引き起こすこととなりました。

　それは、明治14年（1881）3月に大隈重信がイギリス流議員内閣制を主張する憲法意見書を提出したことにあったのです。当時参議職に就いていた者全員に憲法制定に関する考えを文書にまとめて、提出するように求められていました。大隈もそれに倣ったのですが、提出方法と内容の2点において物議を醸しだしました。

　まず、提出方法について、大隈は意見書の提出に際して、秘密主義を貫き、そのことが、この問題の担当大臣・有栖川宮熾仁（たるひと）親王を通じて、天皇に密奏しようとしたのではないかとの嫌疑をかけられました。この点で特に憤激したのが、伊藤博文でした。大隈と伊藤は井上馨を交えて、この年の1月に熱海で、来るべき日

本の憲法のあり方をめぐって、熟議の機会をもっていたのです。伊藤にしてみれば、ここで彼は大隈との連帯を確認出来たと思っていたのです。にもかかわらず大隈が伊藤に内密に天皇に憲法意見を上奏しようとしていたということを伊藤は裏切り行為だと捉えたのです。

　他方で憲法史的にみれば重要なのは、大隈意見書の内容でした。6月に有栖川宮からそれを内示された右大臣岩倉具視はその内容に衝撃を受けました。

　大隈がそこで主張していたのは、翌年に国政選挙を行い、2年後に国会を開設するという急進論であり、しかもイギリスに範をとり選挙で多数を獲得した政党が内閣を組織するという政党政治に立脚した議院内閣制が掲げられていたのです。岩倉はこの意見書を明治を代表する法制官僚である井上毅に見せ、早速調査にあたらせました。

　その結果、岩倉は井上に対し、大隈に対抗する憲法意見書の作成を命じました。7月5日に岩倉から政府に提出された「大綱領」「綱領」などからなる、憲法意見書では大隈のものと好対照をなしており、ドイツのプロイセンをモデルとした欽定憲法体制の採用が提唱されており、広範な天皇大権や議会で予算案が議決されなかった際の前年度予算執行など、後の明治憲法に規定される事項が先取りされていました。これが、明治14年政変の第1幕だったのです。

　その第2幕に登場するのが、開拓使官有物払下事件でした。開拓使（北海道開拓のために設置された政府機関）が政府の資金で建立した諸々の官有物を破格の安値で民間の会社に払い下げようとしたことに起因しました。その民間会社が政府の一有力者（黒田清隆）と密接なつながりがあったため、この政府の措置をきっかけにして、

大がかりな反政府運動が惹起されました。

　政府としては、秘密裏に事が運ばれていたにもかかわらず、なぜ払い下げの処分が社会に漏れたのかということが問題とされ、その「犯人」探しに注目が集まりました。

　最も疑いをかけられたのが大隈でした。政権交代を念頭に置いたイギリス型政党政治の採用を促していた大隈が重要な容疑者として浮かび上がって来ました。大隈の主張する政党政治論は、そもそも政府批判を展開する自由民権派の主張していたものでした。伊藤は岩倉から大隈意見書を示された直後から犬養毅ら青年知識人を自分の部下としてリクルートし、政策研究集団を形成していた大隈が在野の自由民権運動とつるんで政府転覆を企てていると推察していました。

　大隈意見書が導火線となり、開拓使事件によって、それに火が点じられ明治 14 年の政変がもたらされました。10 月 11 日政府は高まる政府弾劾の声に屈して、開拓使官有物払い下げの中止を決定しました。しかしこれと同時に大隈重信の閣僚罷免と政府からの追放も発表されました。

　これが明治 14 年の政変と呼ばれるものでしたが、重要なのはその翌日に出された、国会開設の勅諭でした。これによって 1890 年を期して国会を開くことが、天皇の名によって公表されたのです。

　このように、明治 14 年の政変は、憲法と国会開設に明確なタイムリミットを政府が自ら設定したことと、来るべき憲法の内容はドイツ（プロイセン）に倣う方針が採られたことに憲法史上、画期的な事件だったのです。

## ❏ 福沢諭吉（1835 ～ 1901）

　福沢諭吉は幕末から明治維新後の約 30 年間にわたって、日本において文明開化論をはじめとして、政治、経済、学問、外交問題等に多大な 影響を及ぼした我国の知の巨人といっても過言ではない学者といえるでしょう。

　福沢は 1835 年 12 月、大阪の豊前中津藩蔵屋敷で、下級藩士福沢百助、於順夫妻の次男として生まれました。 1 歳の時父の死により帰藩し、現在の大分県の中津で少年時代を過ごしました。

　1854 年日米和親条約締結の年、19 歳で長崎へ遊学、蘭学と兵学を学びました。その後、大阪の中津藩蔵屋敷に勤めていた兄、三之助のもとに転居し、兄の勧めで緒方洪庵の蘭学塾・適塾に入門しました。ほどなく兄の死により家督を継ぐこととなり、中津に帰りましたが、青雲の志やみがたく周囲の反対を押し切って再び大阪の適塾の門を叩きました。母だけが諭吉の志に賛成してくれたそうです。1857 年最年少の 22 歳で適塾の塾頭になりました。

　翌年、もともと江戸に出ることを希望していた諭吉のもとに中津幡から江戸出府を命ぜられました。江戸に赴いた諭吉は、中津幡中屋敷で後の慶應義塾の前身となる蘭学塾を開きました。同時に多くの同志との交流が生じました。1859 年日米修好通商条約の翌年、英学を学ばなければならないことを痛感し、英語の勉強に集中しました。

　翌年、1860 年が有名な咸臨丸の渡米の年でした。諭吉は軍艦奉行で咸臨丸の司令官である木村摂津守に懇願して従者として咸臨丸に乗り込むことに成功しました。咸臨丸の渡米の名目は条約批准交換のための遣米使節団の乗るポーハタン号の護衛ということでした。

しかし、咸臨丸はワシントンまでは行かずサンフランシスコで大歓迎を受け、西洋の「文明国」での初めての体験をしました。1862年福沢は遣欧使節団に同行することになり、ヨーロッパ各国を回りました。特にロンドン滞在が長く、ここで蒸気機関車、通信機器、印刷機器などを見学しました。

しかし、福沢の渡欧経験で特筆すべき点は、これらの「目に見える」文明の産物に触れたことよりも、政治制度や経済取引の仕組みや、社会施設がどうなっているのか短い滞在期間のうちに、信じられない貪欲さで探求したことでした。多くの現場の人に質問することによって「目に見えない」文明の先進性をしっかり頭に叩き込んだのでした。

逆に、渡欧の途中で中国や東南アジア、インドの実態を見て、文明の未発達状態を感知し、そうした地域の住民がヨーロッパ人達に奴隷のように扱われているのを実見したことも大きな衝撃でした。

この当時の日本は庶民の反乱の多発による危機という内憂を抱え、他方利害に異にする英仏2大国が情勢の推移を虎視眈々と見守りながら自分達の支配領域を広げようと狙いをつけているという外患に見舞われているという、まさに植民地化の危機が最高度に高まっていた時期でした。

福沢は、こうした政情にはタッチせず、江戸で塾経営と翻訳の仕事に精を出していました。1864年福沢は幕府直参となり「御旗本」となり幕臣となったのです。

1867年1月使節首席小野友五郎とともに、再登米しています。今度はアメリカ東海岸のニューヨーク、ワシントン、フィラデルフィアを訪れました。その頃の福沢は幕府全体の旧態依然たる体質には、かなり批判的だったことがわかります。その高圧的な因業なやり方

に大きな不満を持っていたようです。「自伝」によれば、アメリカからの帰路船中で次のように息まいていたことが書かれています。

「どうしたって、この幕府というものは潰さなくてはならぬ。ただ、ここで困るのは誰が幕府を打ちこわすか、それに当惑している。我々は自分でその先棒になろうとは思わない。今の世間を見るにこわそうといって騒いでいるのは、いわゆる浮浪の徒、即ち長州とか薩州とかいう、攘夷藩の浪人共であるが、もしも彼の浪人共が天下を自由にするようになったら、それこそ徳川政府の攘夷に上塗りする奴じゃないか。それよりもまだ今の幕府の方がましだ。けれどもどうしたって、幕府は早晩倒さねばならぬ。ただ差し当たり、倒す人間がいないから仕方なしに見ているのだ。困った話ではないか」と言っています。これが、大政奉還の4か月前、鳥羽・伏見の戦いの7か月前のことです。

事実、この後の急展開で幕府が倒れ、徳川家は800万石から、わずか70万石に減らされ、駿府に転封された時、福沢は①そのまま徳川家に仕える　②新政府の出仕に応じる　③武士身分を捨て、一介の庶民として生きるの三つの選択枝のうち迷わず、③の一介の庶民として生きる道を選んでいます。明治維新政府から再三の出仕を求められたにもかかわらず、それは固辞し、「慶應義塾」の運営を続けました。

ここで福沢諭吉の発行した主だった著書について紹介しておきます。発行されたそれぞれの著書が日本社会において多大な影響を与えています。

①西洋事情（慶応3）：シヴィリゼーションという言葉を福沢はこの本の内で文明開化という日本語訳にしています。

②学問のすすめ（明治５年から９）：全17編　総発行部数80万部
の当時の超ベストセラーでした。「天は人の上に人をつくらず、人
の下に人をつくらず」と言えりという有名な言葉からはじまった
著書であり、その主旨は空理空論に終わらず、日常生活に役立つ
ものであることが必要であり、そのためには西洋文明も大いに取
り入れなければならないという主旨でした。また、従来の常識あ
るいはタブーとされていたような封建思想に徹底的な批判をくわ
え人間の平等と民主政治の原則を強く訴えたものでした。

③改暦弁（明治６）

④文明論の概略（明治８）　西洋文明への傾倒と保守主義が相確執し
て人心が動揺するのを見た福沢は、今の最大の課題は日本国の独
立にあり、西洋文明を学ぶのも、まさにこのためであるとして、「文
明論の概略」を世に問うたのです。西洋文明を採りつつ、如何に
して日本は日本であり続けるかという福沢の課題は今でも我々日
本人に深く突き刺さったままであるということを主張した著作で
す。

⑤民間経済録（明治10年、２篇）

⑥通貨論（明治11年、15年の２篇）

⑦通俗国権論（明治11年）

⑧民情一新論（明治12年）

⑨瘠我慢の説（明治34年）


　主だった著作だけでも上記の様に多数あり、明治維新後の日本の
将来について、福沢は大きな影響を与えた知の巨人と言えるでしょ
う。

## ❏ 福沢諭吉と朝鮮独立党・金玉均

　自分は学者だから政治には直接介入しないと、常々言っていた福沢にしては珍しく朝鮮の近代化と独立のために、一肌脱いだのです。

　金玉均は明治維新を見習おうとして来日し、福沢を慕って慶應義塾で学んだ闘士でした。1885 年朝鮮ではひたすら清の柵封体制の下に任えることで安全を保とうとする事大党（守旧派）と金玉均らの独立党とは激烈な戦いを演じていましたが、独立党は次第に追い詰められていました。金玉均らは清がフランスとの戦いに集中している期間をクーデター実行の好機とみて、日本公使、竹添進一郎の援助により同年 12 月、閔氏政権を打倒する「甲申事変」を起こしました。

　しかし、このクーデターは三日天下に終わります。金玉均は日本に逃れ、日本を転々とした後上海に渡りそこで彼は殺害されました。閔氏朝鮮の頑迷固陋な体制をさんざんこき下ろしていた福沢が一筋の光明を見い出したとしても当然と思われますが、甲申事変の失敗は福沢にとって相当な痛手だったと想像されます。

## ❏ 明治 14 年政変のその後

　明治 6 年（1873）政変以後の自由民権運動のなかで、最も注目されるべき事は明治 7 年（1874）1 月に板垣退助、後藤象二郎が政府に提出した、納税者によって構成される民選議員設立の建白書でした。

　明治 12 年（1879）に出版された福沢諭吉の「国会論」は広く全国に知られ、福沢の予想をはるかに超えるものでした。「図らずも天

下の大騒ぎ」になり自分でも当惑するようなものだと怖くなりましたと晩年福沢は回想しています。明治新政府内でも議会開設に向けて、さまざまな試みがあり、維新直後から、公議所、集議院、左院といった議事機関が設立され、その後も元老院を設立し、地方官会議を開催するなど近代的議会への模索が続けられていました。

　単に議会を開設すればいいという訳ではありません。アジアで先んじて 1876 年に憲法を制定したオスマントルコ帝国では翌年に議会が召集されましたが、1 年も経たずに閉鎖されました。苦労の末に議会を開設しても、それが機能しなければ、無意味です。明治政府には継続的かつ安定的に運営されるアジア初の議会が求められていました。

　憲法制定と議会の開設は、公儀主張の実現と条約改正を近代国家の日本が西欧諸国から認めさせる一大事業だったのです。

　明治新憲法の制定に際し、イギリス型議院内閣制をモデルとする憲法の採用を主張する大隈重信に対し、岩倉具視・井上毅・伊藤博文等によるドイツ・プロイセンをモデルとした欽定憲法体制を主張する対立が決着し、日本はドイツ・プロイセン憲法を参考にすることとなりました。

　1882 年 3 月、伊藤博文は憲法の条文の調査を主とした目的として、渡欧しましたが、天皇から「欧州立憲の各国に至り、その政府又は碩学の士と会談し、その組織及び実際の情形に至るまで観察せよ」との勅命を受けていました。後に歴史的に有名となった政治家伊藤博文は生家は農家でしたが、仲間（ちゅうげん）と呼ばれる下級武士の伊藤家の養子となりました。

　1857 年、江戸湾警護のため長州藩から相模国へ派遣された時木戸孝允の義弟にあたる来原良蔵と運命的な出会いをしました。同年、

任を解かれた伊藤は来原から吉田松陰への紹介状を渡され、萩に戻ると早速松下村塾への入門を請い学業を続けることになりました。

　周知のように、吉田松陰の松下村塾は、久坂玄瑞、高杉晋作、前原一誠、山県有朋といった、幕末維新の志士たちを数多く育てた私塾でした。しかし伊藤と松陰の師弟の間には気質の違いがあり松陰が伊藤のことを「周旋家」と評したことはよく知られた事実です。松陰は伊藤を評して「才劣り学は未熟、質直にして華なし」と評しています。「周旋家」という形容に現われているように、松陰は伊藤のことを交渉力に長じた能吏になるかも知れないとは思ったでしょうが国家の政治を左右する地位に立つ器とは考えていなかったと思われます。

　松陰の評価が低かった伊藤ですが、攘夷運動たけなわのこの時期に長州藩では西洋へ藩士を留学させる計画を進めており、1863年5月に伊藤博文、井上馨、ほか3名計5人の青年をイギリス留学生として国禁を犯し密航させたのです。いわゆる「長州ファイブ」です。英国留学半年後のある日、伊藤は「タイムズ」紙上に長州藩による外国船砲撃や薩英戦争の記事を見て、大いに驚き、藩の攘夷政策が無益であることを説得するため急ぎ帰国の途につきました。

　帰国した伊藤と井上は困難の只中に洋行帰りとして箔をつけて帰朝し、藩の有志のみならず、藩主その人へも直々に諭すように建言しました。伊藤の出自を考えれば破格の扱いでした。

　彼等の説得は実りませんでしたが、その後の4国艦隊による下関砲台占拠という惨敗に対して、2人は新しい知見に基づく開国主義を力説し、外に対しては外国艦隊相手に講和の交渉に自らあたり、そのことによって、伊藤の名は藩政のなかで大いに声望を高めたのでした。たかだか半年間の留学で果してどれほどの英語力が身につ

けられたか、大いに疑問とされますが、伊藤が少なくとも西洋人と
コミュニケーションを図るための度胸を身につけていたことは確か
だと思われます。

　そのことは何よりも帰朝後の伊藤が、外国艦隊による長州攻撃後
の講和交渉において長州藩と欧米人との間の交渉を一手に引受けて
いることからもうかがえます。余談が長くなりました。

　話を大日本帝国憲法の制定にもどします。明治憲法の生みの親と
して、その名をほしいままにする伊藤は明治15年（1882）3月渡欧し、
1年以上も調査を行い、高い評価を得ました。一方同時代の声では、
この時の伊藤の欧州派遣は官民を問わず疑念や戸惑いをもって受け
止められていました。政府の第一人者である伊藤がこの多事多難な
時になぜ長期にわたって日本を留守にし憲法設立の調査にヨーロッ
パに行くのか理解に苦しむとの批判が多数出たのでした。

　まず伊藤はドイツを目指し、首都のベルリン大学の公法学教授グ
ナイストに教えを受けました。しかし、グナイスト教授の教えは伊
藤には不満であり、8月にウィーン大学を訪れ国家学教授シュタイ
ンから講義を受けました。

　シュタインの講義内容は国家の行動原理としての行政の意義を説
く国家学で、その国家学から大きな啓示を得たのです。伊藤の求め
ていたのは立憲国家の全体像と憲法施行後の国家運営の指針だった
のです。その問題意識にとってはシュタインの国家学の方がより親
和的だったのです。シュタインの教えは「議会制度は国民の政治参
加の原理とシステムとして不可欠であり、さらに議会制度を補完し
て国家の公共的利益を実現するシステムとして行政が必要である」
というものでした。シュタインとの 邂逅によって、伊藤は立憲体制
の全体像のみならず、その制度的基盤である行政に開眼したといえ

ます。

　伊藤はドイツを離れイギリス・ロンドンの調査も 2 か月間行っていますが、その資料は残っていません。

　大日本帝国憲法は明治 22 年（1889）2 月 11 日に発布されました。新生日本が世界に対し、「帝国を目ざす」と宣言した憲法となったとも言えるのでしょう。このとき日本の官・民はこぞって文明の一等国への切符を手にしたとの喜びに沸いたのです。その後、この憲法は見せかけの立憲主義の産物であり、強大な君主大権を定め、議会の権限を弱体化させ、近代化に反動的性格を持つと批判されました。

　伊藤はドイツでの日本の憲法制定の過程で国家の基軸は何にするのかと質問されました。西欧の全ての国家の基軸はキリスト教でしたので、日本は仏教にしたらどうかという話が出たようですが、日本には古来の神道もあり、渡来宗教である仏教にすることは不可能と思われます。その後の明治憲法制定の過程でその議論はされたかどうかも含め、全く見当りません。

　伊藤は大日本帝国憲法はいうまでもなく、欽定憲法であり、天皇自ら制定し、臣民に下賜したものであることを強調しています。

　天皇は官僚の人事権や、陸、海軍の作戦を指示する統帥権、宣戦布告や条約の締結などの絶大な、いわゆる「天皇大権」を持ちました。議会は帝国議会と呼ばれ、皇族や華族からなる貴族院と選挙で選ばれる衆議院の二院制をとりました。

　憲法において国民は「臣民」と位置づけられ、兵役と納税の義務を負い、言論や集会・結社の自由、信教の自由などが認められていましたが、その自由はかなり制限つきのものでした。憲法発布と同じ日に衆議院議員選挙も公布され、地租や所得税など「直接国税」とされる税を年間 15 円以上納めている 25 歳以上の男性（全国に 45

万人）に選挙権が与えられました。この時に選挙権を得た人は人口の1.1%の少数だったのです。

　山県有朋が総理大臣になった時、明治23年（1890）7月1日、第1回の衆議院議員選挙が行われました。その結果は反政府的といわれた民党が過半数を占め、政府側の大敗に終わりました。こうして、「軍事費の拡大を要求する山県内閣」と「政費の節減を要求する民党」の主張が平行線となり予算の成立が危うくなり政府は民党の議員を買収することで、無理やり予算を成立させたのです。我国では第1回の議会から「政治と金の問題」が始まっていたのです。

　歴史的に見れば、同時期に欧米列強の衝撃を受けた清や朝鮮では近代化が遅々として進まないなか、アジア初の議会の開催を実現したのです。


## ❏ 明治憲法下の日本・日清戦争

　松方内閣総辞職の後、内閣を組閣したのは2度目の総理大臣に就任した伊藤博文でした。これまでの民党との確執から、民党を無視した政権運営は難しいと判断した伊藤は、民党の代表格であった自由党の板垣退助や、民権派の中心であった後藤象二郎を大臣として入閣させ、民党の攻撃の矛先をかわそうとしました。この内閣は明治維新の功労者が多く入閣し「仮想敵国」となった清との戦争が近づき、政府は軍艦の建造費用を含む巨額の予算をなんとしても成立させようとしていたからです。

　その当時、朝鮮の内部では日本をモデルとして「明治維新」を起こしていこうという改革派と、それまで通り柵封国として国を運営

して行こうという保守派に分かれており、保守派は「攘夷・親清」を、改革派は「開国・親日」をそれぞれ基本方針として対立していました。このどちらが主導権を握るかについて朝鮮内部で保守派によるクーデター「壬申軍乱」が、また、改革派のクーデター「甲申の乱」が起きました。

このふたつの事件は、親清派と親日派の争いでしたが、清が有利な状況で戦争に突入するような不測の事態が起きる可能性があったため、伊藤博文は天津条約を結んで朝鮮半島からの日・清両軍の撤兵を決定しひとまず、衝突を回避しましたが、この衝突回避の天津条約は、朝鮮進出を拡大しようとする人々には弱腰に見え、日本国内で多くの非難の声が上がりました。


### 日清戦争

明治27年（1894）（2月〜4月）に朝鮮半島で甲午農民戦争という農民反乱が発生し、朝鮮は自力での反乱鎮圧が出来ないと判断し、清に援軍を依頼しました。この要請により清が朝鮮に出兵すると、天津条約の「出兵するときに事前に通告する」という条約に基づき通告をうけた日本も、居留民保護のために直ちに朝鮮に出兵することとなり、日清両軍が朝鮮に駐留することとなりました。

反乱自体が終息した後も、日清両軍が朝鮮に居座る形となり、伊藤首相は日清両国が協調を維持しつつ清と交渉を行い、朝鮮の内政改革に着手し、朝鮮と清と日本の共通の勢力圏では清軍との衝突回避方針をとりました。

しかし、当時の閣僚である陸奥宗光外相は日清開戦論者として行動し、政党関係者のなかの対外強硬派のみならず、自由党内にも開戦への動きが高まり、ジャーナリズムの多数もこれに同調し、9月

の総選挙を前にして、伊藤内閣は踏みとどまりきれなくなり、開戦の道を選択せざるを得なくなったのです。

　一方、対朝鮮問題の責任者である李鴻章は日本との開戦回避に動いていました。彼は軍拡を強力に進めている日本の実情をよく知っており、列国に働きかけて、日本を押えようと注力していました。北京政府の中枢も李鴻章の開戦回避を支持し、西大后も開戦回避に賛成でした。一方主戦論の中心人物は光緒帝と若い皇帝を補佐する側近達でした。結局、李鴻章は反対派に挟撃され、彼が最も避けたいと考えていた開戦に踏み切ることになりました。

　1894年7月23日日清両軍は激闘状態に入り「日清戦争」が勃発したのです。

　戦争は終始日本軍が優勢に推移し、朝鮮半島では陸軍が勝利し、海軍は豊島沖海戦で清海軍を撃破しました。引きつづき陸軍は朝鮮国境を越え、遼東半島を制圧し、最終的には山東半島の清の海軍の根拠地、威海衛を占領して日本軍の勝利に終わりました。

　講和条約として結ばれた、「下関条約」の最重要事項は「朝鮮」の独立でした。清と朝鮮は属国関係であり、清の柵封国である朝鮮を清から切り離すことで日本は今後、朝鮮と単独で条約や協定の交渉がすすめられることになり、日本は朝鮮半島に進出しやすい状況になりました。これ以後、朝鮮は「大韓帝国」と改称しました。

　清は遼東半島と台湾を日本に割譲し、莫大な賠償金の支払いなども認めました。軍事賠償金は合計2億5,600万円を得ることとなり、臨時軍事費特別会計の歳出が2億円なので、日清戦争は儲かる戦争だったのです。一方の清は賠償金を自力で支払う能力はなく、外債依存の泥沼に陥ることになりました。

　しかし、この日本に対し、待ったをかけたのがロシアでした。ロ

シアはドイツ、フランスにはたらきかけ、遼東半島放棄を日本に勧告しました。これが、いわゆる「三国干渉」と呼ばれることとなりました。また、イギリスは日本との対立を避けるためロシアの提案には参加を拒否しました。

　その後、ロシアは遼東半島の中心都市大連と港町である旅順を清から借り受け、遼東半島は日本からロシアの勢力圏に変わったのです。遼東半島を手放した日本国内では、反ロシアの感情が高まることとなりました。一方日本が領有することとなった台湾では内戦の末日本が勝利し台湾総督府が置かれ、昭和 20 年（1945）日本の敗戦まで、日本の植民地としての統治が始まったのです。

　明治天皇は政府の対清開戦方針に懐疑的でしたが、内閣、統帥部、元勲の一致した意向を前にこれらの決定を承認しました。しかし、明治天皇は日・清開戦を「不本意」と考えていたようです。明治天皇は石橋を敲いて渡るという慎重な性格の人物であり先祖から受け継いだ「万世一系」の帝位と国家を危うくする戦争による対外進出を避ける、避戦論者でもありました。

## ❏　元老と華族

　元老という用語は紀元前 9 〜前 7 世紀の中国の古典詩経に由来する言葉であり、年令・名望・官位の高い功臣、長年その道で年功を積んだ人、長老などという意味です。また、「元老」という言葉自体には、特別の官職を示す意味は全くありません。

　元老は、明治後期（特に 1890 年代）から昭和前後まで、天皇の特別補佐として、首相の選出を始め、内閣の存廃、戦争、条約改正

など国家の最重要国務を取り仕切った政治家であり具体的には、伊藤博文、山県有朋、黒田清隆、井上馨、松方正義、西郷従道、大山巌、西園寺公望の8名が歴史学者により特別に元老と呼ばれるようになったのです。

　元老は非公式な存在であり、当初は政治の黒幕として批判されましたが、昭和初期の軍部の台頭下では未成熟な立憲国家を補う存在として期待が高まった時期もありました。


## 「華族」

　明治維新後、華族制度のはじまりは明治2年（1869）6月17日です。東京遷都してから1年経たず、戊辰戦争最後の戦い箱館戦争が終わった翌月でした。

　華族は旧公卿、大名、維新功労者などから選ばれ「皇室の藩屏」として貴族院議員など多くの特権を享受した彼らは近代日本の政治、経済、生活様式をリードした恵まれた階級の人達でした。

　この日華族として認められたのは427家。公卿142家、諸侯285家でした。明治2年（1869）に華族が設置された後もすぐに、公・候・伯・子・男の五爵制度が成立したのではありません。五爵制度は明治17年（1884）施行の華族令からはじまったのです。

　華族という名称は公卿の家柄である清華家の別称でした。華族は平安時代末頃までは相対的に家柄のよいものを指す美称として使われていたといわれています。

　明治4年（1871）7月華族は東京在住を命ぜられました。10月10日には天皇より華族に「華族は四民の上に立ち、衆人の標的とも成られる可き儀」と勅旨が出されました。華族は「皇室の藩屏」と規定されることで天皇の近臣となり、かつ士族・平民に優越する上

層の国民階級となったのです。華族家総数は 1,011 家あったといわれています。華族制度は明治から昭和の終戦まで 78 年間続きました。


## ❏ 日露戦争

　これまでの議会では「軍備拡張を求める政府」と「負担軽減を求める政党」は常に対立していましたが、日清戦争に勝利した戦勝ムードが政府と政党を歩み寄らせることとなりました。政党の党首も政府の一員として国家を動かしたいので、いつまでたっても政府の反対ばかりでは、政府の中枢には入れません。一方政府も清から得た賠償金を用い、さらなる巨大な軍事予算を成立させるため、政界の理解と協力が必要になり、第 2 次伊藤博文内閣は自由党の板垣退助を内務大臣に加え、自由党も公然と政府を支持するようになりました。

　伊藤博文の次に組閣したのは松方正義でしたが地租の増額を図ったため、内閣不信任案が議会で可決され、総辞職し第 3 次伊藤博文内閣が発足しました。しかし、この内閣も地租の増額を図ったため、板垣退助（自由党リーダー）と大隈重信（進歩党リーダー）が政府打倒のため協力し、自由党と進歩党という二大政党が合併、憲政党を結成し総選挙において 300 議席中 260 議席を獲得し、伊藤博文内閣を退陣に追い込みました。

　大隈重信をリーダーにした憲政党の圧倒的勢力のもと第 1 次大隈重信内閣が発足します。この内閣は「初の政党内閣」といわれ憲政党のもう一人のリーダーである板垣退助を内務大臣にしたほか、陸軍大臣と海軍大臣以外の全ての閣僚を憲政党から選出しました。し

かし、最初の「政党内閣」も尾崎行雄文部大臣が演説のなかで「もし天皇がいない世の中」ならとの発言が、皇室に対する敬意を欠くと批判され辞職に追い込まれ憲政党が分裂し、大隈内閣は倒れました。

　次に政党政治を嫌った第2次山県有朋内閣が誕生し、文官任用令の改正を行い、政党の影響力を排除する目的で、初任官であっても文官高等試験に合格した者しか、就任出来ないことにしました。次に軍部大臣現役武官制を定め、陸・海軍大臣は現役の陸軍・海軍の大将または中将から任用することとなりました。こうして政党の影響力が軍部に及ぶことを防ごうとしました。

　また、治安警察法が制定され、政治活動が制限され、労働運動も大幅に制限されるようになりました。

　清が日本に日清戦争で敗北したため、欧米列強が、清の国内に勢力圏をつくるようになり、義和団という結社と清王朝が結んで、海外勢力の排除運動を起こし、日本・ロシアを含む8か国が共同出兵して、清の排外運動を退けた北清事変が起きました。この北清事変ののちロシアが満州を占領状態とし、さらに朝鮮半島に迫ることとなり、日本とロシアの対立はいよいよ深まることとなりました。

　こういった政治の流れをみて、伊藤博文首相ももはや政党の意向を無視して政治の運営は出来ない「政権与党」すなわち自分の政権運営に協力する政党を自ら結成することで議会運営を容易にしようと考え、第2次山県有朋内閣に不満を持っていた憲政党に接近しました。憲政党のリーダー達も大臣となって政権を運営したい気持ちが強く、ここに憲政党が解党し、伊藤博文が総裁となって政権与党である立憲政友会が発足したのです。

　憲政党は、もとをたどれば、板垣退助がつくった自由党に行き当

たります。自由民権運動のなかで、最も活発に藩閥政治を攻撃し、自由と権利の拡大を求めていた昔の自由党を考えると、政権の座につきたいがために妥協し、藩閥政治と結びついたこの立憲政友会は大いに異なる性格を持つようになったのです。立憲政友会は政党であり、選挙で選ばれる衆議院の政治勢力であり、衆議院を重視する伊藤博文に対して貴族院は猛反対し、政権運営は不安定となり新たに山県系の桂太郎が首相になりました。

　政権運営は共に長州出身の伊藤博文と山県有朋が引退し、元老として背後から政治を行い、一世代若い桂太郎首相が政権運営を行うこととなりました。

　山県有朋はあくまで藩閥政治の中心であり官僚と軍部を背景にして政党勢力を排除したいと考えた人でした。一方、伊藤博文は政党政治と接近したり離れたりしながら最終的には妥協を図り、自ら立憲政友会を組織し政党のボスになりました。そして、山県、伊藤の引退後もこの二つの流れは続くことになりました。

　山県の流れを継いだのが桂太郎であり、彼は第1次、第2次、第3次の3度内閣を組織し、伊藤の流れを継いだのが西園寺公望であり、第1次、第2次の2度内閣を組織しました。この2人による交互の政権交代の時代は「桂園時代」と呼ばれました。

　第1次桂太郎内閣が直面したのは、ロシアとの対立でした。三国干渉によって遼東半島を清に返還させられた日本の国民感情は「ロシア憎し」になっていました。日清戦争後、露骨に朝鮮半島への進出を行い始めた日本に対して、韓国は反日感情を強めてロシアに接近し、日露関係が悪化していました。

　こうしたロシアの勢力拡張に対して、日本国内には二つの意見がありました。ひとつは伊藤博文や井上馨が唱えた日本とロシアの利

害を調整して、ロシアの満州支配と日本の韓国支配をお互い認め合う「満韓交換」によって戦争を回避しようとする「日露協商論」です。もうひとつは桂太郎首相や小村寿太郎外務大臣が唱えたロシアとの開戦は避けられないと考え、イギリスとの提携を行い「日英同盟」を後ろ盾にして、ロシアの南下を実力でおさえようとする「日英同盟論」でした。

　ロシアは韓国に勢力圏をつくりたいと考えており、日露協商論による交渉は不調に終わりました。一方イギリスではイギリスの植民地をロシアの南下から守るためにも日本との提携が必要であるという意見が大勢を占めるようになり「日英同盟」が締結されたのです。

　この同盟によりイギリスは日本に対して「第三国」の介入を心配することなくロシアと1対1で勝負出来る舞台を提供したのでした。イギリスは新聞による報道で、国際世論を日本寄りに誘導し、また、ロシアのバルチック艦隊のヨーロッパから太平洋に回航に際し、イギリスの港を貸さないというバックアップで協力したのです。

　日露協商論の交渉は完全に決裂し、明治37年（1904）2月6日、日露外交関係の断絶が告げられました。ここに日露戦争の幕が切っておとされたのです。

　日本は国家予算の6～7倍にものぼる軍事費を大幅な増税でまかなおうとしましたが、それでも足らず、海外、国内への多額の戦債（借金）でまかないました。日本の戦債の条件はロシアの条件よりかなり不利でありこの戦争の国際的な前評判ではロシアの圧倒的有利という見方が大半だったのです。

　当時の戦いは陸戦と海戦で空軍はありません。陸戦では開戦直後日本軍は第12師団を仁川に上陸させ、京城以南の占領を確実にしました。海軍の作戦は制海権を確保する事が第一の目的でした。2月

８日、日本の連合艦隊は密かにロシアの主力艦が集まる旅順港に接近し、旅順港外に停泊中のロシア太平洋艦隊を攻撃しました。

　この結果７隻の戦艦のうち２隻と４隻の巡洋艦の内の１隻を大破させましたが、日本艦隊はさしたる戦果を挙げることが出来ませんでした。しかし日本艦隊の攻撃の印象は強く、それ以降ロシア艦隊はマカロフ司令長官が到着する春まで旅順港内に閉じこもってしまったのです。その結果、黄海の制海権は完全に日本が握ることとなりました。制海権を失ったロシア軍は、日本陸軍の朝鮮半島への上陸を阻止することが出来なかったのです。

　その後、日本陸軍は２方面からロシア軍に迫りました。ひとつは第１軍として朝鮮半島から、３個師団４万3,500名鴨緑河渡河作戦に、もうひとつは第２軍として、遼東半島の塩大澳に４万8,800名が上陸しました。二方面の日本軍はそれぞれ激戦を制し、北上しました。そして、日本国内では広く社会を巻きこんだ挙国一致の様相が見られるようになりました。

　日本軍は５月末に乃木希典中将（６月６日から大将）を司令官として第３軍を編成し旅順要塞の攻撃を任せました。日本軍は８月以降、勢いに乗って遼陽に対する総攻撃に入り、９月３日までにロシア軍は遼陽を明け渡し、敗走しましたが日本軍にも追撃する余力はありませんでした。

　日露の戦いの条件を考えるとき、将来一番危惧されるシナリオは、ロシア艦隊が旅順港に残る状態でヨーロッパのバルチック艦隊が太平洋に到着することでした。そうなれば、日本の連合艦隊は前と後に敵の艦隊を迎える羽目になり、制海権を失う公算が高かったのです。対ロシア作戦で最大の急務は旅順を攻略し、上陸軍を安全にし、旅順の敵艦隊を撃破して、バルチック艦隊に対する準備を完了する

ことでした。

　以上の戦況から考えれば、早急な旅順要塞の攻略が喫近の課題となっていたのです。しかし、日本軍には本格的な要塞戦の実戦経験は全くない状態でした。8月19日から24日にかけて日本の第3軍が拙速に進めた旅順攻撃を撃退したのはロシア軍でした。この作戦は満州軍総司令部の作戦決定のもとに行われたのですが後の評価では乃木大将の無能振りが疑われる結果にもなったようです。

　ロシアはクリミア戦争（1853〜1856）でセヴァストポリ要塞戦、ロシア・トルコ戦争（1877〜1878）でプレヴナ要塞と要塞戦の豊富な経験があり、日本側の戦史でも日本の要塞戦術はロシアと比べて、相当幼稚であったと記されています。日本軍は第1回の攻撃では参加戦闘要員5万7,000人のうち1万5,800人という非常に多くの死傷者を出しました。

　旅順の攻防が続く中、満州においても沙河の戦いが始まり、ロシア軍19万5,000人対する日本軍13万1,000人と明らかにロシア軍が優勢でしたが、激戦の結果、ロシア軍の攻撃を食い止めた日本軍の勝利に終わりました。

　旅順の要塞の攻撃では、日本軍は攻撃目標を旅順を見下す203高地に的を絞り、日本各地の要塞から集めた28サンチ榴弾砲合計18門で集中砲火を浴びせ12月5日にようやく203高地を占領しました。すぐに203高地の山頂に観測所が設けられその観測にしたがって港内のロシア艦船に向けて28サンチ榴弾砲の砲撃が開始されました。4日間の砲撃で旅順港内に残っていた艦船は次々に破壊され、艦船の大半は使用不能となりました。

　203高地の占領は絶大な軍事効果を上げたのです。ただ1隻戦艦セヴァストポリだけが出港し血路を開こうとし、日本艦隊との戦い

を続けた末に 12 月 16 日に撃沈されました。翌年 1 月 2 日旅順司令官のステッセル将軍が水師営で降伏文書に調印し、旅順の要塞戦は日本の勝利に終わったのです。

　国際的に、旅順の陥落が知れ渡って、日露講和の可能性が各地で議論されるようになりました。しかしこうした動きを無視するように、満州軍総司令部は 2 月 20 日に各軍司令官を集め、次の会戦こそ日露戦争の関ヶ原であると訓示を与えました。

　日本軍の攻撃計画を支えていたのは、第一に兵力の充実、この時期の日本軍の総兵力は 25 万人、砲 992 門、機関銃 268 挺でした。一方ロシア軍は総歩騎兵 29 万 2,300 名、砲 1,386 門、機関銃 56 挺という陣容でした。この両軍の戦いが奉天会戦と呼ばれる決戦でしたが、両軍の士気に大きな差があり敗北を重ねてきたロシア軍のなかには、常に受け身で自信を失う部隊が、かなり出ていました。ロシア軍の後方に少数の日本軍が撹乱部隊を送り、鉄橋の破壊活動を行うと後方部隊がパニック状態となったりして、士気は下がる一方でした。ロシアのクロパトキン総司令官の判断ミスもあり、結局ロシア軍は次々に北に退却しましたが、ロシアのニコライ二世はまだ戦争をあきらめてはいませんでした。

　奉天の会戦が終結すると日本の満州軍は守りに入るか、さらに進軍するのか明確な方針を立てる必要に迫られました。山県参謀総長はロシアはその自負心からしても、なお十分強丈な軍を保有している事実からしても、講和を乞う状態ではないと判断し今後数年間の戦争の覚悟をするべきだと説いたのです。

　これに対して、満州総司令から児玉源太郎参謀長が上京し、上層部において速やかに講和を目指すべきと主張しました。この努力の結果 4 月 8 日の閣議で、持久の策を立てるとともに、事情の許す限

り講和を目指すことが決定されました。

　しかしロシア側には山県が言うようにまだ多大な兵力の動員能力があり、ロシアのバルチック艦隊と日本の連合艦隊の決戦は不可避の状勢となっていたのです。ヨーロッパからバルチック艦隊の一部はスエズ運河を通過し、他の主力の艦船はアフリカ喜望峰経由で友好国であるフランス植民地のマダガスカル島を経由しマラッカ海峡を通過し、フランス植民地であるベトナム・カムラン湾に入りました。

　5月24日航海を再開したバルチック艦隊にはウラジオストックに入る経路にみっつの選択肢がありました。航路は対馬海峡、津軽海峡、宗谷海峡のいずれも選択可能でした。

　これに対して大本営も日本の連合艦隊もバルチック艦隊の航路は対馬海峡か津軽海峡のいずれかであると判断していました。5月26日連合艦隊は、バルチック艦隊が上海港外に到達していることを知り、決戦に備えました。

　5月27日早朝、日本の仮想巡洋艦が長崎五島列島西方沖でバルチック艦隊を発見し、連合艦隊に情報がもたらされ、5月27日午後対馬東水路で最後の決戦に突入したのです。38隻の艦隊が2列になって進行するバルチック艦隊は次々と撃破され、戦闘開始後、数時間で沈没または戦闘不能状態となり、夜間になると日本の水雷艇の攻撃により沈没または戦闘不能の艦船が増え、翌28日に入り、残りの艦も撃沈または破壊され降服しました。ウラジオストックまで逃げ込んだのは巡洋艦1隻と駆逐艦の2隻だけでした。ロシアの完敗でした。日本の海軍の沈没は水雷艇の3隻だけでした。死傷者は日本側700人、ロシア側5,800人でした。

　日本海海戦の結果は世界中に強い印象を与えました。制海権を取ることの出来なくなったロシアに日本を降服させる可能性はなくな

ったのです。

　日本政府は小村寿太郎外務大臣を通じて、アメリカ大統領セオドアローズベルトに仲介を依頼し、アメリカの斡旋によってロシアは講和に応じることとなり、アメリカのポーツマスで講和会議が行われました。日本全権小村寿太郎とロシア全権ウィッテの間でポーツマス講和条約が結ばれました。

　日本はロシアから韓国に対する指導権と監督権、遼東半島の軍港と中心都市であった旅順と大連の租借権、長春から旅順の間の鉄道とそれに付随する炭鉱などの利権、北緯50度以南の樺太、沿海州の漁業権などを得ました。

　この戦争自体が、アメリカの仲介を必要としたいわば「判定勝ち」であったため、日本が最もほしかった賠償金も得られず、日本国民は大きな不満を持ち、日比谷焼打ち事件として知られる講和反対の暴動が起き、政府は軍隊を出動させ鎮圧し、なんとか条約を成立させたのです。

　日露戦争にかろうじて勝利した形をつくれた日本はこの結果から、東アジアで初めて、帝国主義国家または植民地主義国家として、世界に認知されるようになったのです。


❏　日韓併合


　優勢に推移した日露戦争とそのあとのポーツマス条約により、韓国は日本の勢力下であることが確定しました。また、桂太郎首相とアメリカの陸軍長官タフトとの間で、桂・タフト協定が結ばれ、太平洋に進出を図るアメリカに対して、日本は「アメリカのフィリピ

ン進出」、アメリカは日本の「韓国の保護国化」を相互に認めあいました。そしてポーツマス条約が結ばれると、日本は朝鮮半島への進出をさらに強め、第2次日韓協約を結びこの協約により、日本は韓国を、その政府になりかわって国事行為（内政・外交など）を行う「保護国」としたのです。その後、第3次日韓協約で、国内政権と軍権を日本に移行し、明治43年（1910）8月22日「韓国併合条約」を結び、朝鮮総督府が置かれました。

　ポーツマス条約に基づき獲得した遼東半島南端の都市と鉄道権益を中心に日本は満州への進出を強め、関東都督府を設置して遼東半島の南端の関東州を統治し、南満州鉄道株式会社を設立し鉄道経営にあたりました。当時国内では鉄道国有法が公布され、私鉄を買収することで日本の主要幹線鉄道はすべて国有化されました。

　日清・日露戦争の結果、日本は台湾と朝鮮を植民地化したのです。植民地台湾と朝鮮への日本の政策は「進んだ日本」の技術や資本を「遅れた地域」に移しただけで、欧米のような「極悪な植民地支配」をしたわけではないという言い訳が20世紀末以来この日本に広がりました。

　これまでの詳細な研究によればそんな「言い訳」は一笑に付される低い水準のものでしかないでしょう。経済史の研究では、台湾は精糖と南進の拠点として開発され、日本内地の生活充実と国土拡張に役立たされているだけで、単純な開発策の実施ではありません。また、「進んだ、遅れた」という根底には差別意識が見えてしまいます。韓国併合は腐敗していた朝鮮王朝に責任があると、日本が積極的に植民地化へ動いたことを隠蔽して植民地を正当化する意見さえも見られます。

　韓国併合条約調印の夜、寺内正毅総監が山県有朋に送った書簡で

は併合後の「一大骨折の仕事」は腐敗した日本人官吏の処分であると嘆いています。すでに蔓延していた日本人官吏の腐敗は日本帝国の総督府時代に入って、さらなる困難を予想させたのであり、支配者である日本人は驕っており、自制は困難だった事実のひとつだったと言えます。

外交面では日露戦争の勝利により、日本の国際的地位の向上がもたらされた結果、日米通商航海条約が結ばれて関税自主権を獲得し幕末からの日本の条約の上での不平等は解決されたのです。

昭和15年（1940）に朝鮮で実施されたのが創氏改名でした。朝鮮人の名前を日本人風に変えさせ、学校教育も日本語で行い、朝鮮の伝統的文明を否定し日本化しようと企んだと思われても致し方ない状況となりました。


## ❏ 大逆事件

第1次西園寺内閣で、いったんは社会主義政党の結成が認められていました。その後、徐々に弾圧が強化されていました。第2次桂太郎内閣では、さらに弾圧が強化され、明治天皇の暗殺を計画したという疑いで、当時の社会主義者の一斉逮捕が行われ、1910年（明治43）5月から翌年正月にかけ26名を逮捕し取調べ公判を行い（皇族事案として大審院で一審だけで終審）。7か月後に24名に死刑判決（翌日半数は恩赦で無期に減刑）その1週間後に幸徳秋水ら12名の死刑が執行されました。

この事案は司法が一貫して桂太郎首相及びその背後にいる元老山県有朋ら政治家が、司法と政治とで創り出した捏造の冤罪つまり国

家権力犯罪事件であったといえるでしょう。

　しかも司法の調書類、裁判の記録類これら全て公文書ですが、行方不明となっています。まちがいなく隠蔽され廃棄された可能性が考えられます。被疑者を調べた大審院筆頭検事の平沼騏一郎の検事論告は、被告達取調べの結果、その「信念」ゆえに死刑としたのです。つまり予防検束の上「心の内の裁き」で死刑という近代法の原理を否定するものでした。

　大逆事件の、大逆の表現は大審院公判の「判決文」で公式に現われました。それまで大逆という言葉は歴史上なかったのであり、この事件で初めて使われた造語なのです。

　その後平沼騏一郎は法曹界出身の初の総理大臣へ栄進したのです。

# 第3章

大正〜昭和時代

## ❏ 大正時代

　大正時代最初の内閣は第2次西園寺内閣でした。西園寺内閣は陸軍が2個師団の兵員増加の要求を出しましたが財政難を理由にこの要求を否決しました。増設を強く訴えていた上原陸軍大臣は、抗議のため陸軍大臣を辞職しました。

　陸軍大臣が空席になっても陸軍は後任を出さず、西園寺内閣は総辞職しました。その当時、陸・海軍大臣の決定は「軍部大臣現役武官制」により陸・海軍大臣は現役の大将か、中将の職にある人物を軍部が人選する事になっており、もし陸・海軍が大臣を推薦しなければ、いつまでたっても内閣に欠員が出たままになってしまいます。第2次西園寺内閣はこの陸軍の「辞表戦術」により倒れました。

　次に登場したのが、3度目の総理大臣となった桂太郎でした。この首相交代を見た国民は陸軍がゴネて内閣を倒し、自分達の親分を首相にしたと、きびしい批判を浴びせました。そして立憲政友会の尾崎行雄と立憲国民党の犬養毅を中心に政治批判の声を上げ、多数の民衆が加わり、数万の群衆が議会を包囲し、警察署と政府系の新聞社を襲いました。そのため第3次桂太郎内閣は総辞職しました。これを大正政変といいます。

　大正政変は民衆の圧力で政府が倒れた初の事件でした。「民衆が力を合わせれば内閣を倒せるのだ」と民衆が感じ取ったことにより、その後民衆運動が頻発するようになりました。

　普通選挙や自由・権利の拡大を求める政治意識の高まりは「大正デモクラシー」という大きなうねりとなりました。桂太郎内閣の次に組閣したのは、日露戦争のときの海軍大将で海軍大臣として日本海海戦に勝利した、山本権兵衛でした。山本首相は「軍部大臣現役

武官制」を改正し、現役でなくても軍の OB であれば陸海軍大臣になれるとして、軍による一方的内閣つぶしは出来なくなりました。

ところが、海軍出身の山本首相の「おひざ元」であった海軍の高級将候がドイツのシーメンス社から賄賂を受けていた事件が発覚し、山本内閣の責任追及の声が高まり、再び国会が包囲され、その騒動の中で山本内閣は総辞職しました。これを「シーメンス事件」といいます。

元老山県有朋はたて続けに煮え湯をのまされた立憲政友会には絶対主導権を渡したくありません。そこで国民的人気のあった大隈重信を首相に起用し、かつて桂太郎が組織しようとしていた立憲同志会を立憲政友会の対抗馬として、大隈重信の与党としてその背後で影響力を行使したいと考えていたのです。

政党嫌いの山県有朋にとっても、立憲政友会をおさえるために立憲同志会という政党勢力を利用しなければならなくなった点が、日本が徐々に政党政治に近づいている象徴となったといえるでしょう。

第2次大隈内閣の組閣直後、ボスニアの首都ヘルツェゴビナで、オーストリアの皇太子が暗殺され、これをきっかけにして、ドイツ、オーストリア、オスマントルコ側（三国同盟）とイギリス、フランス、ロシア側（三国協商）に別れ、一気に第一次世界大戦（1914年・大正3年）が始まりました。

この第一次世界大戦は、イギリス、フランス、ロシア側がアメリカの参戦もあって、勝利し、日本もイギリスとの日英同盟を結んでいた関係で、三国協商側で参戦し、勝利国となりました。

この頃の中国では辛亥革命によって清王朝が倒され、「中華民国」が成立していましたが、中華民国に従わない「軍閥」といわれる軍事集団が互いに争う不安定な混乱状態となっていました。日本はこ

の混乱につけいり、中華民国の大統領であった袁世凱の政権に「21ヶ条の要求」（1915年）を突きつけました。主な狙いは、ドイツの権益の奪取と日露戦争のときにロシアから獲得していた、旅順・大連の租借権の延長などでした。この条約のなかには中国の「保護国化」につながる条項があり、アメリカ・イギリスの反発を招き、一部削除した「16ヶ条」で強引に中国に調印させました。屈辱的な要求を受け入れた中国ではデモや日本製品の不買運動などの反日運動が巻き起こりました。

　第一次世界大戦は、日本にとって経済面で「天の恵み」になりました。ヨーロッパの国々の生産力が戦争で低下し、市場から後退したことで、そこに日本の製品を売り出すチャンスが巡ってきたのです。戦争中の国から軍需品の注文が増加し、船舶不足から造船業、海運業が活気づき「大戦景気」という好景気が生まれ、にわか成金といわれる資本家が多く出現しました。その結果、日本は大幅な輸出超過となり、大戦前は外国から11億円の借金をしていた国から、大戦後には外国に27億円を貸している国になったのです。

　好景気の下では社会全体の「カネ回り」が良くなるため、大地主や工場経営者の高額納税者が増加し、有権者も増加しました。その結果ますます金持有利な政策を打ち出す立憲政友会の支持層が増えていくことになりました。

　寺内正毅内閣のもとで行われた総選挙で立憲政友会が勝利した時、ロシア革命が勃発し、大正6年（1917）ロシアの王朝が倒れました。世界初の社会主義国家が成立したのです。イギリス、フランス、アメリカ、日本等の国々は軍隊を派遣し「ロシアの革命」の他国への拡大をとめようとしました。

　日本もシベリアへ出兵しました。好景気のなかで、民衆の米の消

費量が増え、高値になり「値が上がる金融商品」のような性格にもなって来たところに、シベリア出兵の軍需品として米が買い付けられることを見越した米問屋が米の買い占めに走ったため、米価がますます上がったのです。庶民の生活が苦しくなり米の値段の引き下げ要求が暴動にまで発展し、運動は全国に広がり、米商人や精米所などが襲われました。いわゆる「米騒動」となったのです。政府は警察だけではなく、軍隊を動員して鎮圧しましたが、1か月以上もおさまらなかったため寺内内閣は総辞職しました。

この騒動の直後に衆議院で多数を占めていた立憲政友会総裁である原敬が首相に任命され、明治維新以後はじめて「本格的政党内閣」として原敬内閣が発足したのです。

1919年（大正8）に発足した原内閣は「本格的政党内閣」として3年1か月という当時としては長期政権の内閣となりました。原敬首相は平民宰相として、庶民的なイメージが強く、労働者や農民からも支持され様々な階層から広い支持を集めた内閣でした。

原内閣の特徴は積極政策でした。①教育施設の充実　②道路や鉄道網の整備と充実　③産業と貿易の推進　④国防の充実という4大政策を実行に移しました。

また、全ての男子に選挙権を与えるべきという普通選挙運動が広がり、これに対しては納税の資格を引き下げましたが、それでも有権者の数は総人口の5.5％になったに過ぎません。

4年以上にわたった第一次世界大戦は1919年に終戦を迎えました。第一次世界大戦の講和会議であるパリ講和会議に日本は勝ち組の一員とし参加しました。この会議で結ばれた「ヴェルサイユ条約」において、日本はドイツが持っていた中国の権益や太平洋の島々の統治権を得ることが出来ました。終戦の翌年には国際平和維持機関

として「国際連盟」(1920)が発足し、日本は常任理事国になりました。

　第一次世界大戦の終戦で、ヨーロッパの生産能力が回復したため日本製品の売れ行きが悪化し戦後恐慌となり、また、立憲政友会の政治が財閥中心の金権政治にみえ、普通選挙法の実現もしなかったことなどから、民衆の不満が増大し、原敬首相は東京駅で暗殺されてしまいました。

　原敬の暗殺後、同じ政友会の実力者、高橋是清が首相になりましたが、経済政策をめぐり内閣内で対立し総辞職しました。次に海軍の加藤友三郎が首相となりましたが短期間で病没し、山本権兵衛が2度目の首相の座につきましたが、のちの昭和天皇が無政府主義者に狙撃され、その責任をとって山本内閣も総辞職しました。

　大正12年9月1日（1923）関東大震災が起き、東京は大混乱に陥り社会不安が広がるなか、山本首相の次の首相は任期が短いこともあって、官僚出身の貴族院議員の清浦奎吾が就任し、清浦首相はほぼ全閣僚を貴族院から選びました。

　高橋是清率いる立憲政友会も方針を転換し、普通選挙運動へ合流したため、憲政会、革新倶楽部と合流し、「護憲運動」の声を上げることとなりました。この護憲3党（立憲政友会・憲正会・革新倶楽部）は内閣不信任案を提出しました。清浦内閣は議会を解散し、衆議院選挙が行われ護憲3派が圧倒的勝利をおさめ、第一党となった憲政会総裁の加藤高明が総理大臣となりました。

　その頃、戦後恐慌につづき、震災恐慌が始まり、不況の進行とともに銀行の経営も危機的状況に陥りました。

　護憲3派与党により1925年、普通選挙法が成立し、満25歳以上の男性すべてに選挙権が与えられ、有権者は総人口の約2割に達し、1,240万となりました。一方では、無政府主義者や社会主義者によ

るクーデターにつながる集団の活動を抑えるための「治安維持法」も定められました。しかし、加藤高明首相は約半年後に病没してしまいます。

　後継の首相は若槻礼次郎に決まりました。のちに憲政会は政友本党と合流し立憲民政党と名称変更しました。一方、立憲政友会は革新倶楽部と合体し、田中義一を総裁に迎えました。

　ここからしばらく「政党内閣の時代」となり、「立憲民政党」と「立憲政友会」のうち衆議院に多数を占める政党の総裁が交互に政権を担当するという「憲政の常道」といわれる政治のパターンが展開されました。立憲民政党は都市の市民層が支持基盤であり、立憲政友会は地主層や財閥、資本家、軍などが支持基盤でした。また豊かでない階層の一部は社会主義的な意見を持つ政党を支持していました。

　大正時代の日本は第一次世界大戦中の好景気から、戦後の不況、そのうえの関東大震災による不況とその後の金融恐慌を招きながら昭和の時代に移っていきました。

## ❏ 満州事変

　昭和時代は大正末から続いていた不況の波がさらに一層激化し、ニューヨーク・ウォール街の株式市場の大暴落とともにやって来た世界恐慌により、特に日本の農村は壊滅的状態に追い込まれました。

　日露戦争以後、満州占領計画を推進していた関東軍（満州付近の日本軍）は昭和3年（1928）6月4日張作霖という中国の大軍閥のトップが乗っていた汽車もろとも爆破し暗殺しました。その当時の中国は孫文らによる「辛亥革命」により清国は倒れ、中華民国がつ

くられていましたが、中国全土は支配できず、各地を軍閥が支配していた時代でした。その頃、満州の大軍閥として君臨していたのが、張作霖でした。

　暗殺者として疑われたのは日本陸軍でした。調査の結果、陸軍の謀略ということが判明し、首謀者は関東軍参謀の河本大作大佐であることが明らかとなりました。しかし、この件を軍法会議にかける事となれば、河本大佐は、「この件は関東軍単独の行動ではなく、東京の参謀本部と陸軍省が後ろにいたということを全部バラス」と言いました。このようなことが明白になれば、陸軍中枢が崩壊しかねない状況となるため、陸軍出身の田中首相は天皇に対し、陸軍がやったのではありませんと説明し内閣総辞職で決着をつけてしまいました。

　その後、張作霖を守れなかった関東軍司令官は、予備役に、同じ理由で、河本大作大佐は辞職、参謀長以下は譴責処分となり軍法会議で罪を問うことは一切せず、書類上の裁断で済ませてしまったのです。

　この件以後軍部は天皇のそばにいる重臣たちを敵とみなすようになり、天皇の重臣たちを「君側の奸」と呼ぶようになりました。この件があって以来、昭和天皇は「私は内閣の上奏する所のものは、たとえ自分が反対の意見を持っていても裁可を与える事に決心した」と話しています。

　つまり「君臨すれど統治せず」これが立憲君主国の君主のあり方だと自ら考えたのでしょう。昭和史は常にここからはじまり、これが後に日本があらぬ方向に動き出す結果をもたらす第一歩となったのです。

　張作霖暗殺計画の失敗した陸軍は日本の国民感情は満蒙の植民地

へ向かいつつあり、そのような世の中の大きな動きに乗って陸軍は「時期が来た」と判断しました。そんな時期に、日本陸軍の中村大尉がスパイ容疑で中国軍に殺される事件が起き、さらに満州で、中国の農民と朝鮮の農民が衝突する万宝山事件が起きました。これでますます日本の国民感情も猛りだしました。そしてこの事態を一番憂慮していた昭和天皇は、第2次若槻内閣の南陸軍大臣を呼びだして、満蒙問題については不穏な言動が盛んだが、日中親善を基調とすることを忘れないようにと注意しています。ところがこれら反対論を無視し、軍部はますます陰謀の傾向を強めていきました。

　作戦目的はまことに明確でした。満鉄の鉄道を爆破するのです。肝心なことは線路爆破を完全な隠密行動で確実に実行しなければなりません。張作霖の二の舞は絶対に許されないのです。

　昭和6年（1931）9月18日午後10時20分、ついに日本軍は密かに奉天郊外の柳条湖付近の鉄道を爆破したのです。日本軍部隊を派遣したところ民国部隊と衝突したと報告されました。その後、関東軍は付近の奉天側兵営である北大営を攻撃し、制圧しました。

　ところが、東京の金谷参謀総長から「不拡大方針に確定した。軍の行動は必要度を越えるな」と電報が届き、また関東軍のなかに納得しない意見が多く、結局参謀本部の命令を無視し、軍事行動を開始したのです。攻撃準備を整えていた関東軍の進撃はかなり急でした。中国軍が無抵抗主義をとったため、日本軍の意図通り展開ができたのです。

　一方、日本国内ではこの日の朝刊が朝日新聞、東京日日（後の毎日新聞）ともに俄然、関東軍擁護にまわりました。それまでは朝日も日日も他紙も軍の満蒙問題に関しては非常に厳しい論調だったのですが、20日の朝刊からあっという間にひっくり返ったのです。全

ての新聞が軍の発表そのものである「18日、午後10時30分、奉天郊外北大営の西北側に暴虐なる支那軍が満鉄線を爆破し、わが鉄道隊を襲撃したが、わが軍はこれに応戦し、云々」とあり、明らかに支那軍の計画的行動であることが明らかとなったと書いています。このニュースがそのまま非常な勢いで国民に伝わりました。ラジオも臨時ニュースで流したため、新聞も号外を連発するようになりました。ちなみに、当時日本国内に約65万台だったラジオの契約者数は半年後には105万台に増加したのです。

　一方満州全土には、約20万人の敵がいるなかで、関東軍は1万人でした。朝鮮駐留の日本軍に出てもらわなければ、どうにもならない状況でした。軍隊を国境を越えて動かすには天皇の統帥司令部によらなければなりません。天皇に参謀本部総長がお願いにいきましたが、大反対の天皇はまかりならんの一点張りで困り果てた時、林銑十郎司令官がここでも独断で越境命令を出したのです。

　大元帥である天皇の命令なくして軍隊を動かしたということは大犯罪で、これも陸軍刑法に従えば死刑なのです。そこで悪知恵者がいて閣議で決めてもらおうということになり、閣議を開いている最中に、すでに朝鮮の日本軍は越境命令なしで越境したことが判明し、閣議は全員一致で決定しました。この決定を若槻首相が奏上し、説明しました。日本の憲法において、内閣が一致して決めて来たことには、天皇は否とは言わないことになっていますからやむを得ないと認可してしまいました。

　この頃から国民大衆が軍を応援しはじめ強気一方になって「新満蒙建設」といったスローガンが生まれ、急激に満蒙領有計画が推進されていくのです。事変後1週間もたたないうちに日本全国の各神社に必勝祈願の参拝者がどんどん押し寄せ憂国の志士や国士から血

書、血判の手紙が陸軍大臣の机の上に山積みされました。

　こうして「この全国民の応援を軍部が受けるようになるまで、新聞の果たした役割は余りにも大きかったのです。世論操作に苦心した軍部以上に、朝日・日日を先頭にマスコミは競って世論の先取りに狂奔しました。新聞は軍部の動きを全面的にバックアップしていき、民衆はそれらに煽られて、またたくまに好戦的になっていきました。

　そして昭和7年（1932）3月満州国が建設されました。それ以後、日本の政治は軍部独裁政治へ一歩大きく踏み出したのです。

　軍部は満州を蒋介石の政府とは切り離し、全く別の独立国として、うまく日本が利用する、いわゆる傀儡政府をつくって、日本の国防の最前線にしようとしたのです。日本は満州で張学良軍を次々と撃破します。

　一方、中国本土では国民党の蒋介石が南京に、別派の汪兆銘が広東に、中国北部では共産党軍の毛沢東が活動を展開しましたが殆んど日本軍を敵にすることはありませんでした。

　ただ蒋介石が「国際連盟」になんとか国際正義の名において日本に制裁を加えるよう提訴しただけでした。日本は満州全体を占領する気になり、満州と中国の国境線である山海関まで進軍し、そこに日章旗を立てたのです。この状態でアメリカのスチムソン国務長官は衝撃を受け、これは侵略戦争であり、1928年（昭和3）に結んだ不戦条約に違反していると、日本に対し強硬な姿勢をとるようになりました。

　昭和7年の年明け頃から、国際社会の目が厳しくなり、このまま放置すれば日本は孤立化を深め、世界から非難されることが必至の状況となりました。ここでもまた、日本軍の謀略が始まりました。

世界の目を上海に向けるため、上海日本公使館付き陸軍武官補佐官の田中隆吉中佐とその愛人「東洋のマタハリ」といわれていた川島芳子を使って中国人に金をまき、上海市街を托鉢して歩いていた日蓮宗の僧侶と信者5名を襲わせ、2人を殺し、3人が重傷を負うという殺人事件を起こさせました。

　この無法をチャンスとした日本軍は中国に対し、犯人を出せと厳重に抗議したのです。その結果、中国軍と日本軍が銃火を交える大事件に発展したのです。この状況となり、満州の関東軍がハルビンの攻撃を開始しました。陸軍は上海付近の中国軍を撃破するため、2個師団3万人を派遣しました。白川司令官のもと上海派遣軍は強力で中国の十九路軍を簡単に撃破し、停戦命令を出しました。その後4月29日に上海北部の公園で行われた調印式会場で反日の朝鮮人に手榴弾を投げられ、白川大将も死亡してしまいました。


## ❏　5・15事件

　このような不満や不安のなか、陸・海軍の青年将校や右翼たちは腐敗して無能な政党内閣を打倒して、軍中心の内閣をつくることが正義なのだという「国家改造運動」を起こすようになりました。やがて民衆や官僚、マスコミの一部もこれに同調し軍国主義化が、次第に進行していく事になりました。

　こうした政党政治や財閥への不満をもつ者達のなかにはテロリズムに訴えて国家改造を一挙にやろうという者が出てきました。「一人一殺」を訴える右翼結社の「血盟団」は井上準之助大蔵大臣と団琢磨三井合名会社理事長を暗殺する血盟団事件をおこしました。そし

て、犬養毅首相も「5・15事件」で海軍将校に暗殺されてしまいました。

　昭和7年5月15日、暴漢が乱入したので閣下お逃げ下さいと、警察官が懇願したのですが「いや、わしは逃げない。そいつらに会おう」と答えました。

　食堂に乱入した実行犯の三上卓の供述によれば、対面した時、犬養首相は「まあ待て、話せば判るだろう」と食堂から客間の方へ移動し、三上は首相と応対しようという態度をとったため、もう一人の実行犯、山岸宏が「問答無用撃て」と叫び7発の弾丸が首相に向けて発射、そのうちの2発だけが命中しましたが、いずれも急所を外れていました。落ち着き払っている犬養に接しその胆力を目の当たりにした実行犯達はふるえて手もとがくるったようで狼狽したのは乱入者達の方でした。

　とにかく犬養としては民主主義の大原則たる「話せばわかる」という名文句を残し、大舞台で見事な死に方をしたのです。一方の凶徒は「問答無用」の軍国主義の狂句と対照されて、日本の歴史上に民主主義対軍国主義を示す大きな記念碑を残したのです。

　以後、犬養の「話せばわかる」は民主主義の本質を物語るものとして、また一方の侵入者の発した「問答無用」といった言葉は軍国主義・独裁主義ファシズムを表現するものとして、政治学上で、しばしば引用されるようになりました。

　5・15事件の軍事裁判は、横須賀の軍事法廷で行われました。判決の結果は軍人では、死刑・無期の判決は1人もなく、最高刑は禁錮15年でした。民間人では1名の無期懲役がありました。軍人に極めて甘く、民間人に重いこの量刑の不公平さは当然多くの国民の批判を招きました。

この不当に甘い裁判により軍部は自らを正す機会を失い、恐れを忘れ次の2・26事件へと結びつき、同様の事件が、今度は一層大規模に、かつ組織的に行われることとなりました。犬養首相の暗殺後、海軍大将の斉藤実が首相となり、各勢力の協力で運営する「挙国一致内閣」が組織され、ここから昭和20年の敗戦まで政党内閣は成立せず、軍部独裁の道がさらに強化されたのです。


## ❏ 満州国の建国と国際連盟脱退

　満州では着々と満州国建設の歩みが進みだし、満州国を設立するためには、日本が表に立たず中国人につくらせねばならないので、関東軍は、奉天省、吉林省、黒龍江省の3省から主席を呼び、3名で中央政務委員会をつくり、そこで議論のうえ、中国本土からの分離独立を宣言するよう指導しました。

　2月16日3省の主席が会議を開きわずか3日間で結論が出ましたが、日本軍部の青写真があったから早い結論となったのでしょう。2月19日中国本土から分離して、我々の国をつくると宣言します。2月29日満州国の独立大会が開かれ清朝最後の皇帝溥儀が元首に任命され後に皇帝になります。そして昭和7年（1932）3月1日満州国は独立宣言をしました。

　2月29日、国際連盟から満州国の実態を調査するためリットン調査団が日本に到着して調査し、7月19日に日本を離れました。関東軍は政府に対して即時満州国を承認せよと強引に要求し、新聞もこれに歩調を合わせ9月15日日本はついに満州国を独立国家として承認しました。

リットン調査団は調査の結果、11月16日までに日本軍は満州国から、いったん撤退した方がよいと要求し、日本は反対しましたが。たった1国の少数意見でしかなく10月12日国際連盟理事会で撤退案が決議されました。

　昭和8年2月15日の閣議で陸軍大臣荒木貞夫大将と外務大臣内田康哉が国際連盟からの脱退を主張しましたが結論は持ち越されました。ここでまた、新聞が騒ぎ出しました。連盟内と連名外孤立に事実何の相違もないのではないか？　憐れみを乞うようなことはするな、いいかげんにしろこれが東京日日新聞の2月18日の記事です。

　昭和8年2月20日国際連盟は日本軍の満州からの撤退勧告案を総会で採決しました。これに対して日本政府は断固、国際連盟から脱退という方針を決定せざるを得なくなりました。正式には2月24日国際連盟の総会で日本軍の満州撤退勧告案が「40対1」（反対は日本のみ）で採択されました。採決された際の既定の方針どおり、日本は国際連盟から脱退したのです。松岡代表はものすごく強気な様子で威勢よく演説して退出したのですが、こと志とちがって日本に帰っても国民に顔向けできないと思い、仕方なくアメリカで姿をくらまし、ほとぼりがさめるのを待とうとしました。

　ところがこの行動を日本の新聞では「40対1」をすばらしいとほめ上げ、日本にこれほどの英雄はいないとほめ上げたのです。日本国民は、国際連盟からの脱退が、その後の日本にどういう結果をもたらすかについて予想がつきませんでした。

　日本国民は今や日本は国際的な被害者であるのに、加害者にされ非難されていると理解します、排外的な思いを強め、世界中を敵視する気分になりはじめ、排外主義的な「攘夷」思想にかられ、国民的熱狂がはじまったのです。まさに明治維新期の尊皇攘夷の復

活を思わせる状況となったのです。

　この後、名誉ある孤立を選んだ日本はますます軍部が強く支配する国となり、国民的熱狂に押されながら戦争への道を突き進むこととなりました。

　昭和8年9月5日出版法が改正され、新聞紙法も改正されました。それも大幅に改正されたのです。歴史的には「改正」といわれますが実は大変な「改悪」だったのです。これ以降当局が新聞、雑誌、ラジオなどをますます統制出来るようになり、それは次第に強められていきます。国民生活の全体のなかに軍事国家の組織化が進められ、同時に言論統制がはじまり上に立つ人がやりやすい国家に徐々になっていったのです。

　昭和7年頃から陸軍の中には「統制派」と「皇道派」と呼ばれる派閥が出来はじめました。それまでは明治維新以来の実績にもとづき、長州閥、薩摩閥、土佐閥、肥前閥という軍制を中心としたものではない派閥はありましたが、この新しい二つの派閥は今後の日本軍部のあり方、改革の方針、軍政の方針、これからの日本はどうあるべきか等を検討する集団として登場したのです。

　統制派は永田鉄山を中心に、皇道派は小畑敏四郎を中心に2大派閥となって行きました。その頃の軍事状勢から小畑敏四郎は対ソ連戦を重視する必要が第一であると主張し、永田鉄山は中国戦を重視し、意見が対立していました。

　昭和9年1月陸軍大臣が林銑十郎大将に変わると、統制派にかつがれる林陸相は地方へ飛ばされていた永田鉄山を、陸軍の統治すべてを扱う陸軍軍務局長に即座に任命しました。すると永田は、小畑派と思われる人物を次々と左遷し永田派を続々と呼び戻し、永田派の勝利となりました。小畑の皇道派は総退陣となってしまいました。

# ❏ 2・26 事件

　昭和 10 年（1935）前後の天皇機関説と国体明徴論の政治声明以来、日本の言論の自由は非常な勢いで失われていきます。

　日本は万世一系の天皇が統治し給うところの神国であるという国家観の基本が出来上がり、そこから逸脱する言動は罰せられるようになり、心ある人々は口を閉ざすようになったのです。この裏には陸軍の工作があり自由な言論は封殺され、さらに軍国主義化が進み、ついに日本を根本から揺るがす 2・26 事件が起きたのです。

　前述したように、陸軍が統制派と皇道派の 2 派に別れ、皇道派のエース小畑敏四郎少将が、遠くに追いやられ、陸相の交代により統制派の永田鉄山が軍務局長として中央に戻り統制派が力を得ました。

　統制派の意見は、軍内の特定の将軍をかついで革新をやる考えは適当ではない。軍の組織全体を生かし動かし、一糸乱れぬ統制のもとで革新させるという考えであり、一方皇道派の意見は、革新が組織で動くと思うなら認識不足である。ドイツを見よ、ヒトラー総統は、兵としては伍長でしかなかったが、下士官の身をもってドイツを動かしたのだ。つまり革新は組織というより、個人の力でやるものだという考えでした。軍を刷新して近代の国家総力戦に合う日本をつくりたいという点では一致しながら統制派と皇道派は方法論で分かれていたのです。

　特にここで問題視されるのが、北一輝の「日本改造法案大綱」でした。皇道派の青年将校たちが、これに大いに共鳴し「改造なくして繁栄なし」として、そのためには天皇をかつぎ、憲法で定められているところの大権を発動して軍部が政治や経済をがっちり押さえて実行しなければ駄目だと、本気で考えたのです。一方の統制派は

そんなことをしても国民はついてこないとして、「国防の本義とその
強化の提唱」というパンフレットをつくり、陸軍省の新聞班から公
表しました。この内容は天皇制国家の強調と資本主義体制の改変及
び統制経済の提唱でした。

　要約すれば、日本が国家総力戦態勢、高度国防国家をつくるため
には自由主義ではだめである。ドイツのように資本主義体制をこわ
して、統制経済にしなければならないとし、軍が統制する全体主義
国家を目ざすという事でした。この発表には、新聞などのマスコミ
も驚き、経済界からも反論が出ました。この提唱に対して、陸軍内
部の皇道派の青年将校達は大歓迎し、これがそのまま実行されるの
なら、我々の国家改造など無理に強行する必要はないという気持ち
になったのです。

　昭和9年（1934）10月陸軍パンフレットが出て、まもなく、衆議
院が驚いて、議会に新聞班長の根本博大佐を呼び、事情聴取しました。
大佐は「近代の国防を論ずるにあたって、あの程度まで言及する必
要があると思ったからの文書であって他に何の目的もない」と述べ
ました。

　さらに12月の特別議会では民政党や政友会が陸軍に強く抗議しま
した。それに対して林銑十郎陸軍大臣はあっさり腰砕けになり、こ
れは軍のひとつの意見であるが必ずしも実行しようというものでは
ないと弁明しました。その答弁に皇道派の青年将校は唖然とすると
同時に、もはや統制派のエリートは信用出来ないとなり、秘密裏の
動きを急ぎはじめたのです。

　昭和10年（1935）8月12日、陸軍で大事件が起きました。陸軍
省の軍務局長室に皇道派の相沢三郎中佐が乗り込み、いきなり軍刀
で永田鉄山少将に斬りつけ即死させたのです。統制派の中心人物で

ある永田鉄山が白昼に惨殺されたのです。当然相沢中佐は軍事法廷にかけられ罪を問われ、翌年7月3日に死刑になりました。

これを契機として「相沢に続け」の思いが青年将校たちに多大な影響を与えたと思います。中央エリートには農村漁村の窮状など、わからないし国家改造など出来ない。「我々の手でやろう」と考えた青年将校達の運動は過激化し、さらに拡大していったのでしょう。

この結果が昭和11年（1936）2月26日の「2・26事件」という大々的な革命運動につながったのです。昭和11年2月26日午前5時、反乱軍部隊（歩兵第1連隊歩兵第2連隊、近衛歩兵第3連隊）1,483名がそれぞれの部隊に分かれほぼ同時に首相官邸以下15か所を襲撃しました。武器は重機関銃、軽機関銃、小銃、拳銃などと約10万発の弾薬と防毒マスクまで持ち、完全武装でした。

首相官邸では300人の兵に襲われ、岡田敬介首相の義弟が首相とまちがわれ、殺され、その他警備の警察官が4人殺されました。岡田首相は別室に隠れていたので無事でした。斉藤実内大臣は私邸で150名の反乱兵に襲われ、47発の弾丸を浴び即死しました。高橋是清大蔵大臣は私邸で100名の反乱兵に襲われ、軍刀及び拳銃で殺害されました。渡辺錠太郎教育総監は30名の反乱兵から機関銃弾を浴び、銃剣で刺殺されました。後藤文夫内務大臣は官邸でしたが、不在のため難を逃がれました。陸軍大臣官邸では150名の反乱兵が今後の善処方を要請し、上層部工作をしました。警視庁には400名の反乱兵で侵入し、代表者に決起書を提示し玄関を占領し、方々に機関銃を据えました。

警視庁には反乱軍のなかで一番多い400人の兵を待機させました。その理由は宮城を占拠し、天皇陛下をわが手に押さえてしまおうと考えていたからです。明治維新の時に「玉を押さえる」ということで、

薩・長・土が明治天皇を頭にし偽の命令を出しあっという間に官軍になる。「官軍に抵抗すれば賊軍になる」という作戦に倣ったのですが、この計画は失敗しました。

　彼等は自分達の行動は「昭和維新」であり、天皇陛下を尊び義のための尊王義軍であると称しました。しかし、反乱軍の最大の狙いである宮城占拠はならず、しかも理解者だと思い込んでいた天皇陛下は反乱軍に対して、極めて冷たく、同情的でもなかったのです。

　実際、天皇はこの日、1日だけで12回も本庄侍従武官長を呼びつけて早く鎮圧せよと督促しているのです。そんなことは伝えられる訳もなく、将校達は天皇陛下は我々のことをわかってくださっている。革命は成功した。新しい時代が来るに違いないと信じていたのです。

　この事件が起きた直後の陸軍内部の意見は、①反乱軍への同調 ②断乎討伐・鎮圧 ③その中間の反乱軍に対する、やや同情的のみっつに大別されました。このみっつの立場がうずまいて軍内は異常な混乱をひきおこしました。①の論には、荒木貞夫大将、真崎甚三郎大将両軍参議官、しかも当面の鎮圧責任者の東京警備司令官香椎浩平中将がおり ③の論には川島陸相、堀第一師団長がいました。また ②の論は参謀本部で特に作戦課長石原莞爾大佐がその中心でした。

　2月26日午前6時30分に川島陸相と反乱軍の香田大尉らが面会し香田が「決起趣意書」を読み反乱軍の配置図と陸軍大臣要望事項を手渡しました。川島陸相と香田大尉の応答中に斉藤少将（禁錮5年）と山口大尉が来て「要望事項」の実現を迫りましたが、川島陸相は態度を明確にしませんでした。

　午前8時半、真崎大将が歩哨の停止命令をきかず自動車で官邸に入って来ました。決起した青年将校等が「閣下統帥権干犯の賊を討

つために決起しました」と言うと、真崎大将は「とうとうやったか。お前達の心はよくわかっている」とくりかえし、「どうか善処して頂きたい」と告げると、真崎大将はうなずきながら官邸内に入ったのです。午前9時30分、川島陸相は天皇に拝謁した時、反乱軍を速やかに鎮圧するのが先決であると言われ恐懼して退出しました。

　つまり、最大の狙いである宮城占拠はならず、しかも理解者と思い込んでいた天皇陛下は自分達に、まるで同情的でない事がわかりはじめたのです。もし宮城占拠が成功していれば事態は大きく変わっていたでしょう。それこそ期待された皇道派の真崎甚三郎大将、荒木貞夫大将らが宮城にやって来て、天皇のもっとも側にいる本庄繁侍従武官長も味方だし、さらに軍事調査部長の山下奉文少将、陸大校長小畑敏四郎等の皇道派が宮城に入り、形勢を眺めていた連中も馳せ参じ、クーデターは成功したのではないでしょうか。真崎大将を首相とする軍事政権が樹立され日本改造が成功するはずでしたが、事態はそのようにならず状況はさらに混乱したのです。

　2・26事件の中心人物は真崎大将であることは間違いありません。しかし真崎は宮中に信任がなく、天皇は真崎の上奏だけは、裁可を必ず2～3日止めおいて下したといわれていました。この天皇の不信任を知った真崎は、天皇に自分は誤解を受けていると上奏し、天皇から非常な不興を買うありさまでした。

　天皇の信頼を全く失った真崎は軍の最高機密を青年将校にもらし、このため軍部内でまったく孤立していました。このようにして教育総監の地位を追放される原因を自らつくったのです。

　しかし一部の青年将校たちを利用し、一挙に軍内における自分の地位を逆転させようと考えていたのではないかと推測されます。彼は2月26日午前4時すぎに亀川哲也から事件の第一報をききまし

た。真崎はさらに伏見宮邸に参殿し、事件の情報を具体的に言上しました。その上で大詔渙発への尽力を要請し、加藤大将とも連絡して、伏見宮と加藤の同時参内をとりまとめています。そして、この日の一番早い拝謁は伏見宮でした。

　真崎は当然予想された戒厳令下の軍事政権の首班を狙っていたのです。川島陸相という軍の公式代表を自己の目的の実現のために操縦し、事態収拾の名において青年将校の叛乱行動を「これでいこうじゃないか」といって正統的なものとして、天皇に言上させる。同時に伏見宮から「維新大詔」渙発を天皇に奏請し軍事参議官会議の主導権を荒木とともに握って自分を陸軍代表と決定する。そして、天皇から「大詔」渙発の御諮問をうけ、それに応じて大詔案を作制奉答するという手順でした。荒木が持参した「歴代詔勅集」はそのための準備であったのです。

　真崎はいわば「宮廷クーデター」を企図していたのです。これらの手口については、荒木や青年将校のなかの少数の人達と事前にある程度の話し合いが出来ていたのではないかと思われます。事件当日、真崎が胸に佩びた勲一等旭日大綬章こそ軍事政権のシンボルだったのです。しかしこの真崎の意図は完全に崩れ去りました。

　原因は真崎が天皇の心を完全に読みちがえ、軍事参議官会議での公的権限という壁にぶつかったことです。青年将校が統帥権をふみにじった行動に出たことに加えて、もし真崎が陸軍を握れば統制派の手で進めて来た統制粛清が根本から崩れ去るという危機感を持ったこと。さらに統制派の杉山・石原・池田・片倉まで粛清される危険性があるため「断乎討伐」の強硬策を打ち出したことも真崎の敗れる原因となったのです。

　大元帥命令が出た後、陸軍中央はあらゆる手段で命令を徹底しよ

うとしました。空からビラをまき、アドバルーンを上げ、ラジオ放送も利用しました。特に有名となったのは「兵につぐ」というラジオ放送でした。このラジオ放送では、反乱軍の将校ではなく、下士官、兵達にお前たちは上官にだまされているのだから直ちに帰れと呼びかけているのです。

　ここまでくると反乱軍の将校達も部下を全員原隊に復帰させて、自分たちはここで腹を斬ろうと意見がまとまりかけましたが、何とか天皇陛下にその旨を申し上げて御使いを頂き、死ぬにあたって軍人としての最後の光栄を与えてもらえないだろうかということになりました。川島陸相、山下奉文少将ら皇道派の陸軍中央の人達が相談し、これを本庄侍従武官長に伝えました。本庄侍従武官長は気の進まないながら、奏上したところ、天皇はかつてない怒りを表わし、「自殺するなら勝手にさせるがいい。かくの如き者どもに勅使などもってのほかのことである」とのことでした。

　2月29日夜明と同時に反乱軍は戦闘行為を中止して原隊に戻り事件は終わったのです。

　3月9日天皇によって戒厳令下の特設軍法会議を設けること。すなわち「一審、上告なし、非公開、弁護人なし」という裁判が決定されました。天皇の宸襟を悩まし、軍人勅諭に背き、国体明徴を傷つけた者と天皇に断罪されては反乱軍の命運は完全に決したといえたのでした。

　裁判の結果、反乱に関係した1,485名中、起訴123名。判決では死刑17名、無期禁錮5名、定期禁錮24名、無罪44名、その他自決2名でした。死刑のなかには北一輝という反乱に決起した青年将校に多大な影響を及ぼした政治思想家1名が含まれていました。

　こうして「昭和維新、尊皇攘夷」を叫んだ青年将校によるクーデ

ターは失敗に終わりました。「志士」の項で述べたように、２・26事件を実行した青年将校達の行動は、まさに幕末・明治維新期の志士の行動と酷似しており、大胆・無謀・過激であり、彼等みずからもその自覚のもとに、昭和維新尊王攘夷の精神を掲げ行動したものと思われます。

　さらに当時の青年将校達は自分の命令は、天皇・神の大御心の表現であるという信仰に基礎ずけられていたのです。彼等はただひとつの大御心を行使しているのだという信念によって行動したのです。彼等にとって国家体制を掌握している者からの命令とか、天皇機関説とかは絶対に許せない人間の作為であるとしか考えなかったのです。

　この事件の後に何が変わったかという問題が残りました。松本清張の２・26事件の結論では「これ以後の日本は軍部が絶えず２・26事件の再発をちらつかせて、政・財・言論界を脅迫した。かくて軍需産業を中心とする重工業財閥を軍が抱きかかえ国民をひきずり戦争体制に歩き出すのである」と述べています。まさにこの時点から日本は戦争への道へ急転回したのです。


## ２・26 事件後の日本・日中戦争

　２・26 事件後、岡田啓介内閣が総辞職した後は岡田内閣の外務大臣だった広田弘毅が引き継ぐ形で内閣を組織し、この組閣から、本格的に陸軍の意向が反映されるようになったのです。軍の政治介入の度合いをますます強める「軍部大臣現役武官制」が復活し、国際連盟を脱退し、孤立を深めていた外交面でヒトラー率いるドイツも同じく国際連盟を脱退したことから日本はドイツに接近して、日独防共協定を結んだのです。

軍部の発言力が強くなった事に対して、政党側の抵抗も激しくなり、広田内閣は、内閣では軍の要求、議会では政党からの批判と板挟みになり「とうていこの状態では大命は果たせない」と総辞職しました。次に陸軍出身の林銑十郎が首相になりましたが、軍と議会の板挟みの状態が続き、予算案は妥協に妥協を重ねて通したものの議会運営に手こずって林内閣は短命で総辞職しました。

　次の内閣を組織したのが、藤原氏につながる名家の出身であり、45歳と若い近衛文麿首相でした。彼は軍部にも国民にも人気があるという人物でした。第1次近衛内閣が成立（昭和12年）翌月北京郊外の盧溝橋で演習中の日本軍に何者かが発砲し、日本軍の軍事行動が始まります。日中のどちらが発砲したかはいまだにわかっていませんが、盧溝橋事件から日中戦争が始まったのです。戦線が上海にまで拡大すると「支那事変」と称するようになり、国際法上の宣戦布告がなされてないので、戦争とは称していませんが、実質的な戦争状態であったために、一般的には「日中戦争」と称しています。

　開戦5か月後、「中華民国」と称していた「中国」の首都南京をやっと攻略しました。この時、日本軍が多数の非戦闘員を殺害したことが「南京事件」として今だに国際的な非難を浴びることとなりました。

　当初、日本は「中国に打撃を与えれば、中国はすぐ和平に応じ、権益の拡大を図れる」と考えていましたが、和平は進まず、近衛内閣は自ら交渉を打ち切って、今後は「降伏を申し出ても相手にしない」という意志表示をしました。

　この威圧のために行った声明が裏目に出て、事態の収拾のタイミングを自ら捨てたことになり、蒋介石に率いられた中国はさらに抵抗を強め、戦争は収拾がつかない長期戦となりました。近衛内閣は

これに対し「日本・満州・中国の連帯による東亜新秩序の形成」を提唱し、中国国内の親日派の取り込みを計り、親日派の汪兆銘に南京の政府をつくらせ「第2の満州国」をつくろうとしました。

　重慶で抵抗を続けている蔣介石にはアメリカ・イギリス・ソ連が援蔣ルートという支援経路をつくり、支援したことから戦争はさらに長期化し、日中戦争の収拾の方向性を失った第1次近衛内閣は総辞職しました。

　日中戦争が拡大すると、近衛首相は、議会で「国民は国家のためにある」と発言し、全体主義（ファシズム）化を図ります。そして同じような全体主義化を行っているイタリア・ドイツとの接近を深め、ソ連を仮想敵国にした日独伊の3国で、「三国防共協定」を結びました。

　南京占領後も戦争は長期化したため、「国家総動員法」が制定され政府は議会の承認なしに天皇の勅令によって戦争に必要な物資や人員の動員ができるようになりました。この国家総動員法は立憲主義や議会政治を無力化するものとなります。統制経済の法律も次々と出され戦時体制が次第に強化されたのです。


## ❏ ノモンハン事件

　1939年（昭和14年夏）当時の満州国とモンゴル人民共和国とが接する国境付近で国境地帯の帰属をめぐって5月11日から9月15日まで4か月にわたる軍事衝突がくりかえされました。

　敵対した一方は日本・満州国軍、他方はソビエト連邦軍・モンゴル人民共和国連合軍でした。双方大量の戦車と航空機を出動させ、

双方の正規軍がそれぞれ2万人前後の死傷者、行方不明者を出した
この軍事衝突は単なる事件を超えた明らかな戦争であるのに、そう
呼ばないのは、この戦争が双方の間に宣戦布告なしに、いわば非公
式に戦われたからなのです。

この戦いは、「大命」なしにすなわち天皇の命令も許可もなく、こ
っそり行った違法行為であるから、公然と戦争と呼び得る資格を欠
いていたのです。しかも、戦場には大量の重傷者と屍体を残して撤
退したのですから、戦争をしかけた当事者はあくまでも「事件」と
いう、うちわの話にとどめておきたかったのです。

「戦争」という言葉を使うとなると、勝敗の有無をはっきりさせな
ければなりません。「事件」はそれを明らかにしなくてすむ便利な言
葉だったのです。この戦いは1939年5月11日から同年9月15日
まで4か月間の激闘が繰り返されたのです。


## ❏ 太平洋戦争

ノモンハン事件後、アメリカが日米通商航海条約の破棄を通告し
てきたり、日本との間にソ連を仮想敵国とした「防共協定」を結ん
でいたドイツが、突然「独ソ不可侵条約」を結んだことで平沼騏一
郎内閣は「欧州情勢は複雑怪奇」として総辞職し、次の首相には近
衛文麿の意向が反映され阿部信行が就任しました。

独ソ不可侵条約の締結の理由はすぐに判明しました。ドイツとソ
連がポーランドを分割占領するためだったのです。ポーランドに侵
攻したドイツに対し、イギリスとフランスはドイツに宣戦布告し、
第二次世界大戦が始まったのです。阿部内閣はこの戦争に介入しな

いという方針を打ち出しましたが、軍需産業を中心に巨額の予算を強行したため、物価が上昇し、社会の混乱を招き阿部内閣は総辞職しました。

　かわって海軍出身の米内光政が首相に就任しました。長引く日中戦争を打開するため、陸軍はアメリカ・イギリスによる蒋介石政権の支援を遮断する工作を行っていました。これに反発したアメリカは日本向けの物資の輸出制限を行いました。ヨーロッパではドイツがフランスを屈服させており、日本でもドイツと軍事同盟を結び、イギリス・フランスの植民地だった東南アジアに進出すべきという意見が強くなり、親英米的とみられていた米内光政内閣は総辞職に追いこまれました。

　その後、第2次近衛文麿内閣が発足し、日本は勢いのあるドイツと同盟をくみイギリス・フランス・アメリカが支配する東南アジアや太平洋方面に進出する南進政策をとろうとしました。そうすれば蒋介石軍の援助するルートを遮断でき、日中戦争の早期決着が図れると考えたのです。この考えにもとづきベトナム北部のフランス領への進駐を開始しました。この時、ドイツはフランスを降伏させており、フランス領インドシナ（ベトナム）は空席状態となっていたのです。また、同時期「日独伊三国軍事同盟」を締結したのです。アメリカはこの同盟関係によって、日本の南進政策がさらに進むと反発し、日本に対して「輸出制限」を「輸出禁止」に引き上げ対抗しました。

　ドイツの躍進は日本の政治に大きく影響を与えます。日本でもドイツの「ナチス」のように強力な政党をつくり、その党の指導のもとに国民組織を一つにまとめようという運動が活発になりました。

　近衛内閣は「一国一党」を唱え、陸軍の指導のもとに「新体制運動」

を推進しました。この運動に応じて次々に各政党を解党し、「大政翼賛会」というひとつの政党にまとまり、近衛首相がその総裁になりました。大政翼賛会はドイツのナチスの「一党独裁」のような強力な指導力は発揮しなかったものの、道府県や町内会などを補助組織として国民の動員や戦時体制づくりに大きな役割を果したのです。

　第3次近衛内閣は、独ソ不可侵条約、日独伊三国同盟と合わせて、日独伊ソ（連）の四国連合が成立すれば、アメリカ・イギリス等と対抗出来る戦力になり、アメリカを牽制出来ると考えたのです。しかし戦況が滞ったドイツが、独ソ不可侵条約を破棄してソ連に突如侵攻して、独ソ戦が始まると、ソ連と交戦する可能性も発生し、複雑な外交関係に陥りました。

　近衛首相の目的は日中戦争の勝利にあり、アメリカとの関係悪化は望んでいませんでした。日本は当時石油と鉄類の7割をアメリカの輸入に頼っていたのです。しかし南部フランス領インドシナへ進軍した日本にアメリカは態度を硬化させ、日本企業や日本人の資産の凍結と石油輸出の禁止を行い、日米関係はさらに悪化し、近衛内閣は総辞職しました。

　第3次近衛内閣の総辞職を受け、陸軍大臣であった東条英機が首相になりました。東条首相はアメリカに対して交渉の打ち切りと、即時開戦を主張していました。アメリカ・イギリス・中国・オランダのいわゆる「ABCD包囲網」による経済封鎖によって、石油の輸入の道の大部分が絶たれており、交渉が長引けば長引くほど、日本の不利になると考えたのです。

　アメリカも日本との開戦は必至と考え、ハルノートにより、日独伊三国軍事同盟の破棄、中国やフランス領インドシナ（現在のベトナム）からの全面撤退、満州国と汪兆銘政権の否認などを日本に求め、

アジアを満州事変以前の状況に戻すことを要求しました。これはそれまでのアメリカの要求のうちでも最も強硬な要求で、実質的な最後通牒と考えた日本は御前会議でアメリカ・イギリスとの開戦を決定しました。

　そして日本海軍は昭和16年（1941）12月8日、アメリカ海軍の重要拠点であるハワイの真珠湾を、同じ日に陸軍はイギリスのマレー半島を攻撃しました。ドイツ・イタリアも3日後にアメリカに宣戦布告し、戦争は世界規模に拡大しました。

　当初、戦況は日本の優勢で進み、開戦後半年たらずで日本は、東南アジアの大部分を制圧しました。日本は太平洋戦争の目的はアメリカ・イギリスその他欧米列強の圧迫からアジアを開放し、「大東亜共栄圏」の建設と定めました。つまり欧米の植民地支配からアジアを解放し、日本を中心としたアジア人による東アジア、東南アジアの世界秩序を創設する「解放戦争」の大東亜戦争と称したのです。

　東条内閣は挙国一致の体制を築くため、衆議院を解散して、総選挙を行い、政府の推薦した候補ばかり多数当選させました。これを翼賛選挙といいます。この結果、政府系の候補者ばかりが多数当選し、国民は東条内閣に「白紙委任状」を与えたことになりました。また、アジアの代表を東京に集めて「大東亜会議」を開催し、アメリカやイギリスからアジアを解放し共存共栄しようと戦争の目的を共有し、戦況を有利に展開しようとしたのです。

　しかし、資材、労働力で連合国に劣っている日本はその多くの勢力圏で資材や労働力の調達を優先し、圧政や人員の動員、物資の徴発などが行われ、それに抵抗する抗日運動が始まる地域が増えることになりました。

　優勢だった戦況もミッドウェー海戦で日本が主力の空母4隻を失

い、大敗北した以降日本の不利にかたむきました。戦況は急速に悪化し、日本が絶対的国防圏として死守していた、サイパン島がアメリカ軍に制圧、占領されると東条内閣は総辞職しました。

　その後、サイパンからの米軍機による空襲が始まり東京大空襲をはじめとして、全国の主要都市が爆撃され、沖縄本島にはアメリカ軍が敵前上陸し、約20万人の軍人と島民が命を失い、占領されました。

　そして昭和20年（1945）8月6日広島に8月9日長崎に、原子爆弾が投下され、昭和20年8月15日天皇陛下の御聖断をあおぎ、ポツダム宣言を受諾し、無条件降服したのです。

　日本人の犠牲者はアジア大陸および太平洋の諸国や諸島で、最近の調査では310万人を数えるとされています。

## おわりに ──

　大変な駆け足で、幕末・明治維新から昭和の終戦までの話をしました。このなかで、私が一番拘ったのは、幕末の倒幕のスローガンとなった「尊皇攘夷」のスローガンでした。

　「尊皇攘夷」は倒幕派の唯一のスローガンとして掲げられていたのですが、倒幕が成功した直後から尊皇攘夷のスローガンは消えてしまいました。消えた理由は何であったのでしょうか。その理由は本文にでも述べましたが尊皇攘夷のスローガン通りの政策を明治新政府は実行することは不可能と判断したからだと思われます。尊皇には問題はないと考えられますが、攘夷は大問題です。

　もし倒幕成功後に攘夷を決行するとなると、欧米列強から強い軍事的圧力を受け、新政府は戦いに敗北し、日本は欧米列強諸国により、分割統治される危険性があり、明治新政府が攘夷を実行しないと判断したことは非常に賢明な判断だと思うからです。

　ところが尊皇攘夷の思想は昭和時代に入ると、再び息を吹きかえし、帝国主義思想を背景にした軍部独裁政治、変質・移行により、昭和７年の５・15事件、昭和８年の国際連盟からの脱退、昭和11年の２・26事件等を通じて軍部だけでなく、マスコミも国民も栄光ある孤立を叫び、攘夷一色となり国際的孤立を深めて行きました。

　明治新政府樹立後、大日本帝国憲法をつくり、日本政治を担った日本人達は結局誤った方向に日本を導き、昭和20年８月15

日に無条件降服という大破綻を起し、大日本帝国は崩壊したのです。

「尊皇攘夷」には非常に危険な思想が潜んでいます。尊皇攘夷の項で、前述したように、攘夷の本質は目標達成のためには手段を選ばず軍備を拡張・強化し、自国の正義を貫き他国を征圧することが、究極の目的でした。そのため、自国の存在を非常に危うくする可能性がある危険な思想なのです。

将来の日本の歴史上、攘夷の思想は流行させてはならない思想といえるのではないでしょうか。


## 謝辞

執筆を開始した頃から脱稿まで約2年近く多くの助言や批判や、励ましの言葉を頂いた小笠原照也氏には末筆ながら深甚の感謝と御礼を申し上げます。

# ❏ 参考文献

『天保の義民』松好貞夫著（岩波書店）1962 年

『日本史の教科書』山﨑圭一著（ＳＢクリエイティブＫ．Ｋ）2019 年

『幕末維新ものしり事典』監修　奈良本辰也（主婦と生活社）1990 年

『幕末・維新』井上勝生著（岩波新書）2006 年

『幕末から維新へ』藤田覚（岩波新書）2015 年

『尊皇攘夷』片山杜秀（新潮社）2021 年

『新しい社会歴史』坂上康俊　他 51 名（東京書籍）2017 年

『吉田松陰』奈良本辰也（岩波新書）1951 年

『吉田松陰・変転する人物像』田中彰（中公新書）2001 年

『シリーズ藩物語　福山藩』八幡浩二（現代書館）2021 年

『オランダ風説書』松方冬子（中公新書）2010 年

『ペリー来航』西川武臣（中公新書）2016 年

『講座明治維新　幕末政治と社会変動』青山忠正（有志社）2011 年

『島津斉彬』芳野正著（吉川弘文館）1993 年

『月照』友松圓諦（吉川弘文館）1961 年

『格差と序列の日本史』山本博文（新潮新書）2016 年

『橋本左内』山口宗之（吉川弘文館）2021 年

『井伊直弼』母利美和（吉川弘文館）2006 年

『佐久間象山』大平喜間多（吉川弘文館）1959 年

『坂本龍馬』池田敬正（中公新書）1965 年

『龍馬の「八策」』松浦光修（PHP 新書）2017 年

『もう一つの幕末史』半藤一利（三笠書房）2021 年

『勝海舟と幕末外交』上垣内憲一（中公新書）2014 年

『仏教抹殺』鵜飼秀徳（文藝春秋）2018 年

『明治維新で変わらなかった日本の核心』猪瀬直樹・磯田道史（PHP 新書）2017 年

『日本の近現代史をどう見るか』岩波新書編集部（岩波新書）2010 年

『歴史と人生』半藤一利（幻冬舎新書）2018 年

『歴史と戦争』半藤一利（幻冬舎新書）2018 年

『吉田松陰』河上徹太郎（文藝春秋）1943 年

『神々の明治維新』安丸良夫（岩波新書）1979 年

『久坂玄瑞』一坂太郎（ミネルヴァ書房）2019 年

『高杉晋作』海原徹（ミネルヴァ書房）2017 年

『幕末史』半藤一利（新潮社）2008 年

『明治維新革命』長野拓三（今井出版）2019 年

『幕末維新歴史の中での邂逅』長野拓三（今井出版）2021 年

『「維新革命」への道』苅部直（新潮社）2017 年

『明治裏面史（上）』伊藤痴遊（国書刊行会）2023 年

『明治裏面史（下）』伊藤痴遊（国書刊行会）2023 年

『戊辰戦争』佐々木克（中公新書）1977 年

『河井継之助』安藤優一郎（日本経済新聞出版社）2018 年

『明治維新（1858 ～ 1881）』坂野潤治・大野健一（講談社現代新書）2010 年

『明治維新と西洋文明』田中彰（岩波新書）2003 年

『講座 明治維新　維新政権の創設』松尾正人・佐々木克（有志舎）2011 年

『明治維新の正体』鈴木荘一（毎日ワンズ）2019 年

『維新史再考』三谷博（NHK 出版）2017 年

『明治維新をとらえ直す』奈良勝司（有志舎）2015 年

『徳川慶喜』家近良樹（吉川弘文館）2014 年

『木戸孝允と幕末・維新』斎藤紅葉（京都大学学術出版会）2018 年

『横井小楠』圭室諦成（吉川弘文館）2020 年

『琉球王国』高良倉吉（岩波新書）1993 年

『大衆明治史 上 建設期の明治』菊池寛（ダイレクト出版）2022 年

『谷　干城』小林和幸（中公新書）2011 年

『明治六年政変』毛利敏彦（中公新書）1979 年

『江藤新平』毛利敏彦（中公新書）1987 年

『未完の西郷隆盛』先崎彰容（新潮社）2017 年

『比較西郷隆盛伝』長野拓三（今井出版）2021 年

『大久保利通』毛利敏彦（中公新書）1960 年

『西南戦争』小川原正道（中公新書）2007 年

『西南戦争と西郷隆盛』落合弘樹（吉川弘文館）2013 年

『維新政府の密偵たち』大日方純夫（吉川弘文館）2013 年

『帝国主義』アンドリューポーター著、福井憲彦訳（岩波書店）2006 年

『帝国と帝国主義』木畑洋一　南塚信吾　加納格（有志舎）2012 年

『明治デモクラシー』坂野潤治（岩波書店）2005 年

『伊藤博文』瀧井一博（中公新書）2010 年

『山県有朋』岡義武（岩波新書）1958 年

『福沢諭吉』小泉信三（岩波新書）1966 年

『福沢諭吉　しなやかな日本精神』小浜逸郎（PHP 新書）2018 年

『文明論の概略』福沢諭吉（岩波文庫）1931 年

『明治という国家（上）』司馬遼太郎（NHK 出版）1994 年

『明治という国家（下）』司馬遼太郎（NHK 出版）1994 年

『元老』伊藤之雄（中公新書）2016 年

『日清戦争』大谷正（中公新書）2014 年

『華族』小田部雄次（中公新書）2006 年

『帝国議会』久保田哲（中公新書）2018 年

『児玉源太郎』小林道彦（ミネルヴァ書房）2012 年

『李鴻章』岡本隆司（岩波新書）2011 年

『日清・日露戦争』原田敬一（岩波新書）2007 年

『日露戦争史』横手慎二（中公新書）2005 年

『小村寿太郎』片山慶隆（中公新書）2011 年

『乃木希典』佐々木英昭（ミネルヴァ書房）2005 年

『乃木希典と日露戦争の真実』桑原嶽（PHP 新書）2016 年

『日本の近代とは何であったか』三谷太一郎（岩波新書）2017 年

『桂太郎』小林道彦（ミネルヴァ書房）2006 年

『山県有朋と明治国家』井上寿一（NHK 出版）2010 年

『女たちの明治維新』鈴木由紀子（NHK 出版）2010 年

『暴走する日本軍兵士』ダニ・オルバフ著、長尾莉紗・杉田真一訳（朝日新聞出版）
　　2019 年

『大正デモクラシー』成田龍一（岩波新書）2007 年

『日本史の新常識』文藝春秋編（文春新書）2018 年

『日本人の歴史意識』阿部謹也（岩波新書）2004 年

『幸徳・大石ら冤罪に死す』木村勲（論創社）2019 年

『明治という国家』司馬遼太郎（日本放送出版協会）1989 年

『大日本史』山内昌之・佐藤優（文春新書）2017 年

『自由民権』色川大吉（岩波新書）1981 年

『自由民権運動』松沢裕作（岩波新書）2016 年

『治安維持法』中澤俊輔（中公新書）2012 年

『元老西園寺公望』伊藤之雄（文春新書）2007 年

『戦前日本のポピュリズム』筒井清忠（中公新書）2018 年

『昭和史の論点』坂本多加雄・秦郁彦・半藤一利・保坂正泰（文春新書）2000 年

『昭和史』半藤一利（平凡社）2004 年

『昭和という国家』司馬遼太郎（NHK 出版）1999 年

『政友会と民政党』井上寿一（中公新書）2012 年

『日本統治下の朝鮮』木村光彦（中公新書）2018 年

『昭和史のかたち』保坂正康（岩波新書）2015 年

『シベリア出兵』麻田雅文（中公新書）2016 年

満州事変から日中戦争へ』加藤陽子（岩波新書）2007 年

『満州事変』宮田昌明（PHP 新書）2019 年

『決定版　日中戦争』波多野澄雄・戸部良一・松元崇・庄司潤一郎・川島真（新潮社）
　　2018 年

『犬養毅』小林惟司（ミネルヴァ書房）2009 年

『昭和陸軍の軌跡』川田稔（中公新書）2011 年

『南京事件』秦郁彦（中公新書）2007 年

『2・26 事件』高橋正衛（中公新書）1965 年

『ノモンハン戦争』田中克彦（岩波新書）2009 年

『アジア・太平洋戦争』吉田裕（岩波新書）2007 年

『近衛文麿』岡義武（岩波新書）1972 年

『広田弘毅』服部龍二（中公新書）2008 年

『太平洋戦争（上）』児島襄（中公新書）1965 年

『太平洋戦争（下）』児島襄（中公新書）1966 年

『日本のいちばん長い夏』半藤一利（文春新書）2007 年

「大日本帝国」崩壊』加藤聖文（中公新書）2009 年

『創氏改名』水野直樹（岩波新書）2008 年

『永田鉄山』昭和陸軍「運命の男」　早坂隆（文春新書）2015 年

『あの戦争になぜ負けたのか』半藤一利・保坂正康・中西輝政・戸髙一成・福田一也・
　　加藤陽子（文春新書）2006 年

『歴代天皇年号事典』米田雄介（吉川弘文館）2019 年

『天皇制の基層』吉本隆明・赤坂憲雄（講談社学術文庫）2003 年

『アマテラスの誕生』溝口睦子（岩波新書）2009 年

『天皇という「世界の奇跡」を持つ日本』ケント・ギルバート（徳間書店）2019 年

『むずかしい天皇制』大澤真幸・木村草太（晶文社）2021 年

『天皇は宗教とどう向き合ってきたか』原武史（潮出版社）2019 年

著者紹介

　姫井　成（ひめい　しげる）
　　昭和 17 年 1 月生まれ
　　岡山大学医学部卒業
　　内科医

幕末・維新から昭和・終戦まで
　　　—尊皇攘夷の行方—

発　行　2023 年 12 月 25 日
著　者　姫井　成
発行者　西　規雄
発行所　和光出版
　　　　〒 700-0942
　　　　岡山市南区豊成 3-1-27
　　　　電話 086-902-2440
印　刷　昭和印刷株式会社